あなたの死生観が変わる究極の50本

死を乗り越える映画ガイド

Movie Guide for people wanting to overcome death

一条真也

Shinya Ichijo

現代書林

まえがき　映画で死を乗り越える

『死が怖くなくなる読書』の続編というべき本書をお届けいたします。前作では、読書によって死の「おそれ」や死別の「かなしみ」を克服することができると訴えました。今回は映画です。

長い人類の歴史の中で、死なかった人間はいませんし、愛する人を亡くした人間も無数にいます。その歴然とした事実を教えてくれる映画、「死」があるから「生」があるという真理に気づかせてくれる映画、死者の視点で発想するヒントを与えてくれる映画などを集めてみました。

「映画で死を乗り越える」というのが本書のテーマですが、わたしは映画を含む動画撮影技術が生まれた根源には人間の「不死への憧れ」があると思います。

映画と写真という二つのメディアを比較してみましょう。写真は、その瞬間を「封印」するという意味において、一般に「時間を殺す芸術」と呼ばれます。一方で、動画は「時間を生け捕りにする芸術」であると言えるでしょう。かけがえのない時間をそのまま「保存」するからです。

そのことは、わが子の運動会をビデオカメラで必死に撮影する親たちの姿を見てもよくわかります。「時間を保存する」ということは「時間を超越する」ことにつながり、さらには「死すべき運命から自由になる」ことに通じます。

写真が「死」のメディアなら、映画は「不死」のメディアなのです。だからこそ、映画の誕生以来、無数のタイムトラベル映画が作られてきたのでしょう。

そして、時間を超越するタイムトラベルを夢見る背景には、現在はもう存在していない死者に会うという大きな目的があるのではないでしょうか。わたしには『唯葬論』（三五館）という著書がありますが、すべての人間の文化の根底には「死者との交流」という目的があると考えています。映画そのものが「死者との再会」という人類普遍の願いを実現するメディアでもあると思っています。そう、映画を観れば、わたしは大好きなヴィヴィアン・リーやオードリー・ヘップバーンやグレース・ケリーにだって、三船敏郎や高倉健や菅原文太にだって、いつだって会えるのです。

映画は、いわゆる「総合芸術」と言われています。アカデミー賞の各賞の多さをみてもよくわかるように、監督、脚本、撮影、演出、衣装、音楽、そして演技といった、あらゆる芸術ジャンルの結晶だからです。最近、茶道に関する本を読んだのですが、「総合芸術と呼ばれるジャンルは、映画、演劇、茶道の三つである」と書かれていて、納得しました。

わたしは『儀式論』（弘文堂）という著書に「芸術と儀式」という一章を設け、そこで演劇と茶道についても言及しました。演劇とはもともと古代の祭式つまり宗教儀式から派生したものですし、茶道は儀式を芸術にまで高めました。

では、映画と儀式は何か関係があるのでしょうか。わたしは、オープニング映像に登場する映画会社のロゴや最後のエンドロールがまさに儀式であることに気づきました。映画を観ることは非日常の時間に突入することですが、オープニング・ロゴはその「開始」を、エンドロールはその「終了」を告げる儀式なのではないでしょうか。

古代の宗教儀式は洞窟の中で生まれたという説がありますが、洞窟も映画館も暗闇の世界です。暗闇の世界の中に入っていくためにはオープニング・ロゴという儀式、そして暗闇から出て現実世界に戻るにはエンドロールという儀式が必要とされるのかもしれません。

そして、映画館という洞窟の内部において、わたしたちは臨死体験をするように思います。なぜなら、映画館の中で闇を見るのではなく、わたしたち自身が闇の中からスクリーンに映し出される光を見るからです。闇とは「死」の世界であり、光とは「生」の世界です。すなわち、闇から光を見るというのは、死者が生者の世界を覗き見るという行為にほかならないのです。

映画館に入るたびに、観客は死の世界に足を踏み入れ、臨死体験しているわけです。わたし自身、映画館で映画を観るたびに、死ぬのが怖くなくなる感覚を得るのですが、それもそのはず。わたしは、映画館を訪れるたびに死者となっているのでした。

三島由紀夫著『ぼくの映画をみる尺度』（潮出版社）には「忘我」という秀逸なエッセイが収められていますが、そこで三島は「どうしても心の憂悶の晴れぬときは、むかしから酒にたよらずに映画を見るたちの私は、自分の周囲の現実をしばしが間、完全に除去してくれるという作用を、映画のもっとも大きな作用と考えてきた」と書いています。

わたしは三島と違って酒も飲みますが、どうしても現実を忘れたいときに映画を観るのは彼と同じです。そこで、わたしは現世の憂さを忘れるのですが、最も忘れている現実とは「死すべき運命にある自分」なのかもしれません。

本書は、わたしの公式ブログである「一条真也の新ハートフル・ブログ」に掲載した記事をもとに構成されています。最近は、読書ブログに続いて、わが映画ブログも注目されているようで、新作映画の感想をブログにアップした直後から膨大なアクセスが集中することもしばしばです。

また本書で紹介した映画はDVDやブルーレイで購入あるいはレンタルできるものばかりですが、鑑賞の際はぜひ部屋の照明を暗くして映画館のような洞窟空間を演出されることをお勧めいたします。やはり、映画を観るという営みは、暗闇の中から光を見つめるのが一番です。

わたしは、映画への大いなる愛をもって本書を書きました。これを読まれたあなたが、究極の名画とめぐり逢い、心豊かに人生を修められることを願ってやみません。

一条真也

死を乗り越える映画ガイド　目次

第1章　死を想う

第2章 死者を見つめる

第3章 悲しみを癒す

第4章　死を語る

第5章

生きる力を得る

Movie Guide for
people wanting to overcome death

第1章

死を想う

死を見つめる切ないラブストーリー

『永遠の僕たち』

2010年
アメリカ

ガス・ヴァン・サント監督による青春ドラマ。葬式に参列することを日常とする青年と、不治の病に侵された少女の恋を描く。デニス・ホッパーの息子ヘンリー・ホッパーと、「アリス・イン・ワンダーランド」のミア・ワシコウスカに加え、加瀬亮が出演している。

この映画を観終わって、わたしは「これは一〇〇%、わたしのための映画だ!」と思いました。この作品は葬儀のシーンに始まり、葬儀のシーンに終わります。武道の基本は「礼に始まり、礼に終わる」ですが、この映画は「葬礼に始まり、葬礼に終わる」なのです。

これまで**「おくりびと」**(二〇〇八)あるいは**「おみおくりの作法」**(一三)など、数多くの葬儀をテーマとした映画を観てきましたが、この「永遠の僕たち」にはそれらの名作とはまた違った何とも言えない不思議な味わいがありました。

この映画には、日常的に他人の葬儀に参列するイーノックという少年が登場します。見ず知らずの赤の他人の葬儀に参列するなんて、「なんという趣味の悪いイタズラか」と思う人もいるでしょうが、それには事情がありました。彼は交通事故で両親を同時に亡くしているのですが、彼自身は昏睡状態が続いていたために、両親の葬儀には立ち会えなかったのです。彼は「両親ときちんとお別れができなかった」「僕だけを残して、両親は勝手に死んでいった」という思いを抱き、理不尽な「死」に対する理解を得るためにも他人の葬儀を覗いていたのだと思います。

また、イーノックにとっては、彼だけに見える戦死した日本の特攻隊員の幽霊であるヒロシ（加瀬亮）が友人と言える存在でした。このヒロシがストーリーの展開上、重要な役割を担います。

愛する人を亡くした人の心は不安定に揺れ動いています。しかし、そこに儀式というしっかりした「かたち」のあるものが押し当てられると、不安が癒されていくのです。親しい人間が死去する。その人が消えていくことによる、これからの不安。残された人は、このような不安を抱えて数日間を過ごさなければなりません。

心が動揺していて矛盾を抱えているとき、この心に儀式のようなきちんとまとまった「かたち」を与えないと、人間の心にはいつまでたっても不安や執着が残るのです。この不安や執着は、残された人の精神を壊しかねない、非常に危険な力を持っています。この危険な時期を乗り越えるためには、動揺して不安を抱え込んでいる心に、ひとつの「かたち」を与えることが求められます。葬儀を行う最大の意味はここにあります。まさに、昏睡状態中に愛する両親の葬儀を済まされてしまったイーノックの心には、いつまでも不安や執着が残っているのでした。

映画の中には、いろんな人の葬儀に現れるイーノックを見咎めて「遊びのつもりなら警察に」と言い放つ葬儀社の社員が登場します。これには強い違和感を覚えました。冠婚葬祭業を営むわが社の葬祭部門には、多くの上級心理カウンセラーの資格を持つスタッフがいます。きっと彼らならば、「この人は、何か心に悩みを抱いているのでは？」と考え、イーノックに対してもっと優しく接してくれるはずだと思います。

またイーノックは自身の死を怖れていたのではないかと思いました。そのために、他人の葬儀に参列していた部分もあるのではないでしょうか。というのも、人は他人の葬儀に参列すると、死の不安が和らぐものなのです。なぜなら、葬儀の場では「人は誰でも死ぬ」「いつかは終わりが来る」という真実を自然に受けとめることができるからです。そして、「自分にもいつかは終わりが来る」と悟るのです。

さらに、死の不安を和らげる方法があります。それは、自分の葬儀を具体的にイメージすることです。それは、その人がこれからの人生を幸せに生きていくための魔法です。自分自身の葬義をイメージし、そこで、友人や会社の上司や同僚が弔辞を読む場面を想像するのです。そして、その弔辞の内容を具体的に想像するのです。そこには、あなたがどのように世のため人のために生きてきたかが克明に述べられているはずです。

葬儀に参列してくれる人々の顔ぶれも想像して下さい。そして、みんなが「惜しい人を亡くした」と心から悲しんでくれて、配偶者からは「最高の連れ合いだった。あの世でも夫婦になりたい」と言われ、子どもたちからは「心から尊敬していました」と言われる。

自分の葬儀の場面というのは、「このような人生を歩みたい」というイメージを凝縮して視覚化したものなのです。そのイメージを現実のものにするには、あなたは残りの人生を、そのイメージ通りに生きざるをえないのです。これは、まさに「死」から「生」へのフィードバックではないでしょうか。よく言われる「死を見つめてこそ生が輝く」とは、そういうことだと思います。

　この映画にはアナベルという不治の病に侵された少女が登場しますが、彼女は「わたしのお葬式は、ポテト・ピザ・シェイク……たくさんの食べ物を並べたい！」と語ります。「悲しいと、人はお腹が空くから」というのがその理由なのですが、こういうイメージ・トレーニングによって、彼女は少しでも死の不安を和らげていたように思います。

　アナベルの最期のときは近づいてきますが、意地を張ったイーノックは彼女に会いに行こうとしません。そのとき、ヒロシは、自分が特攻する前、渡せずに終わった恋人への手紙をイーノックに見せ、「想いのたけを述べたいのに、時間は少ししかない。人生には限りがある」と言います。そして、「彼女に会えよ！」とイーノックの背中を押すのでした。特攻隊員の短い人生を歌ったサザンオールスターズの「蛍」には「生まれ変われたなら、また恋もするでしょう」という歌詞がありますが、特攻で散っていた若者たちのあまりにも悲しい青春を想うと、泣けますね。

　アナベルの最期の日、イーノックは彼女にプレゼントを贈ります。それは、以前約束していたシロフォンでした。部屋を出たイーノックが呼び戻され、彼女のもとに戻ってみると、そこには正装したヒロシがいました。彼は、これから「長い旅」に出るアナベルを迎えに来たのです。

　ヒロシとイーノックは敬意を表す日本式のお辞儀をします。そして、アナベルの葬儀は彼女が望んでいた通りのスタイルで執り行われました。彼女の遺影とともに、たくさんのお菓子や食べ物が並べられ、参列した子どもたちを喜ばせました。イーノックは故人の思い出を語る壇上に立ちます。彼の心にはアナベルとの楽しい思い出が次々に去来し、彼は笑顔を浮かべるのでした。

このエンディングを観ながら、わたしは葬儀によってアナベルはイーノックの心の中で永遠の存在になったと思いました。愛する人を亡くしたばかりの人の頭の中は、亡くなった人の思い出でいっぱいのことでしょう。その人は、「この死別によって、わたしたちの結びつきは断たれてしまった」と考えるかもしれません。でも、それは違います。たとえ相手が死者となっても、残された人との結びつきが消えることはありません。

葬儀とは「死のセレモニー」ではなく「不死のセレモニー」なのです。

アフリカのある部族では、死者を二通りに分ける風習があるそうです。人が死んでも、生前について知る人が生きているうちは、死んだことにはなりません。生き残った者が心の中に呼び起こすことができるからです。しかし、記憶する人が死に絶えてしまったとき、死者は本当の死者になってしまうというのです。誰からも忘れ去られたとき、死者はもう一度死ぬのです。愛する人を二度も死なせてはなりません。いつも、亡くなった人を思い出すことが大切です。亡くなった人は、何よりも愛する人から思い出してもらうことを願っているのです。思い出し続けることによって、死者は永遠の存在になるのです。そのために葬儀を行うと言ってもよいでしょう。

「永遠の僕たち」は「愛」と「死」の映画です。この映画を観て、わたしは一九七〇年のアメリカ映画**「ある愛の詩」**（七〇）を思い出しました。

愛は、人間にとって、もっとも価値あるものです。実話にしろ、フィクションにしろ、さまざまな愛の物語が、わたしたちの魂を揺さぶってきました。「愛」はもちろん人間にとって最も価値のあるものです。ただ「愛」をただ「愛」として語り、描くだけではその本来の姿は決して見えてきません。そこに登場するのが、人類最大のテーマである「死」です。「死」の存在があってはじめて、「愛」はその輪郭を明らかにし、強い輝きを放つのではないでしょうか。「死」があってこそ、「愛」が光るのです。そこに感動が生まれるのです。

逆に、「愛」の存在があって、はじめて人間は自らの「死」を直視できるとも言えます。「愛」と「死」の本質を見事に描いた「永遠の僕たち」を一人でも多くの方に観てほしいです。

優霊映画の定番ゆえに泣ける一本
『母と暮せば』

2015年
日本

井上ひさしの戯曲「父と暮せば」と対になる作品を名匠・山田洋次監督が映画化。長崎で助産婦をして暮らす伸子の前に、３年前に原爆で死んだはずの息子・浩二が現れる。２人は浩二の恋人などの話をするのだが……。

「母と暮せば」は、松竹一二〇周年記念に名匠・山田洋次監督がメガホンを取った作品です。

この映画、戦後七〇年という「死者を想う」一年の締めくくりにふさわしい名作でした。観る前から「絶対に泣く」とわかっていたわたしは、タオルハンカチを持参しましたが、映画館を出る頃にはビショビショになっていました。

原爆で壊滅的な被害を受けた長崎を舞台に、亡くなった息子が幽霊となって舞い戻る姿を描いたヒューマンドラマです。一九四五年八月九日、長崎で助産師をしている伸子（吉永小百合）の前に、三年前に原爆で失ったはずの息子の浩二（二宮和也）が突然姿を見せました。母は呆然としながらも、すでに死んでいる息子との再会を喜びます。

「母と暮せば」は、いわゆる幽霊映画です。しかし、その「幽霊」とは恐怖の対象ではありません。あくまでも、それは愛慕の対象としての幽霊です。生者にとって優しく、愛しく、なつかしい幽霊、いわば「優霊」です。欧米の怪奇小説には「ジェントル・ゴースト」というコンセプトがありますが、これに怪談研究家の東雅夫氏が「優霊」という訳語を考えたのです。東氏によれば、ジェントル・ゴーストとは生者に祟ったり、むやみに脅かしたりする怨霊の類とは異なり、絶ちがたい未練や執着のあまり現世に留まっている心優しい幽霊といった意味合いだそうです。

　これまで多くのジェントル・ゴースト・ストーリーが映画化されてきました。ハリウッドでは**「オールウェイズ」**（八九）**「ゴースト〜ニューヨークの幻」**（九〇）**「奇跡の輝き」**（九八）**「ラブリーボーン」**（〇九）などが有名です。日本でも、**「異人たちとの夏」**（八八）**「ふたり」**（九一）**「あした」**（九二）といった一連の大林宣彦作品、**「鉄道員《ぽっぽや》」**（九九）**「黄泉がえり」**（〇二）**「いま、会いにゆきます」**（〇四）**「ツナグ」**（一二）、さらには**「ステキな金縛り」**（一〇）**「トワイライトささらさや」**（一四）**「想いのこし」**（一四）**「岸辺の旅」**（一五）などがあります。

　そこには「幽霊でもいいから、今は亡き愛する人に会いたい」という生者の切実な想いがあります。わたしは、映画とはもともと「死者との再会」という人類普遍の願いを実現するグリーフケア・メディアであると考えています。

　「母と暮せば」も亡き息子の幽霊が母のもとに出現するという典型的なジェントル・ゴースト・ストーリーなのですが、エンディングはこれまでの作品とは明らかに違っていました。

　これまでの作品については、映画パンフレットの特別寄稿を書いている小説家の綿矢りさ氏が次のように述べています。

「物語に現れる死者の霊は、エンディング近くになると、優しく生者を突き放すのが定番だ。死んだ直後はあまりにも突然で、事実を受け入れられなかったが、お別れをちゃんと言いたかったから現れた、あなたと再び話せた今は悔いはない。私は一人で逝く、あなたはまだ早い、と微笑みを浮かべて、天国へ導かれていく。残された者は涙するが、死者が発したメッセージを大事に受け取って、また前を向いて生きる決心を固める」

しかし、この映画のエンディングには、「ああ、こういう終わり方があるのか」ということを気づかせてくれる素敵なラストが用意されていました。まるで、アンデルセンの童話『マッチ売りの少女』のようなハートフルなラストでしたが、その背景にはアンデルセン童話に通じるキリスト教の宗教観を感じました。ちなみに、伸子も浩二もクリスチャンでした。

詳しく書くとネタバレになってしまいますが、このラストシーンには、いわゆる「お迎え現象」が描かれています。「お迎え現象」とは、亡くなる前の人が、死に臨み、先に逝った両親や祖父母などの身内や友人の姿を目撃する現象です。

先行する作品がありました。その名も**「父と暮せば」**（〇四）という映画です。井上ひさし原作の同名小説を黒木和雄監督が映画化したドラマです。こちらは長崎ではなく広島原爆から生き延びた娘と、原爆によって命を失って幽霊となった父親の交流を描く物語です。

人類史上初の原爆が投下されてから三年後の広島で、愛する家族を一瞬の閃光で失った美津江

（宮沢りえ）は図書館に勤めていました。彼女の前に、原爆資料を収集している木下という青年（浅野忠信）が現れます。木下に好意を示され、美津江も彼に魅かれていきますが、自分だけが生き残ったことに負い目を感じている美津江は、自分の恋心を押さえつけようとしていました。そんなとき、亡くなった父の竹造（原田芳雄）が現れるというジェントル・ゴースト・ストーリーです。山田監督によれば、「母と暮せば」は、「父と暮せば」へのオマージュだといいます。

「母と暮せば」では、やはり葬儀について考えさせられました。愛する息子である浩二は原爆によって焼き殺されたため、伸子のもとには遺体はおろか遺骨も遺灰も届きませんでした。伸子は浩二の「死んだ証拠が欲しい！」と強く思います。わたしは、その悲しいシーンを観ながら、「東日本大震災」の津波の犠牲者のことを連想しました。

東日本大震災では、これまでの災害にはなかった光景が見られました。それは、遺体が発見されたとき、遺族が一同に「ありがとうございました」と感謝の言葉を述べ、何度も深々と礼をしたことです。従来の遺体発見時においては、遺族はただ泣き崩れることがほとんどでした。しかし、この東日本大震災は、遺体を見つけてもらうことがどんなに有難いことかを遺族が思い知った天災であったように思います。しかし、よく考えてみれば、広島や長崎での原爆の犠牲者の遺体の多くも発見されなかったのです。そして、遺族は遺体のないまま死別の悲しみに堪えなければなりませんでした。遺体をきちんと安置して葬儀があげられるというのは、とても幸せなことなのです。また、ラストの教会での葬儀のシーンも良かったです。死は不幸な出来事ではなく、天国に帰るだけだというキリスト教の「帰天」のイメージが見事に描かれていました。ある意味で、ハッピーエンドだと思いました。

この映画は「長崎原爆」をテーマとした作品です。冒頭、天国を連想させるカラーの雲海のシーンから一転してモノクロの一九四五年八月九日の長崎上空のシーンに変りました。そして、「第一目標地である小倉が視界不良であったため、第二目標地の長崎に標的を変更した」というテロップが大きくスクリーンに映し出され、わたしの胸はいっぱいになりました。長崎原爆によって七万四〇〇〇人もの尊い生命が奪われ、七万五〇〇〇人にも及ぶ人々が傷つきました。

当時、わたしの母は小倉の中心にいました。原爆が投下されていたなら母の命は確実になく、当然ながら、わたしはこの世に生を受けていませんでした。長崎の方々に心からの祈りを捧げずにはいられません。ラスト近くで伸子と浩二が映画の話をする場面が出てきます。ともに映画好きの親子の会話を楽しんだ後で、浩二は「アメリカちゅう国はおかしな国やねぇ。あんな素晴らしい映画も作れば、原爆も作る……」と言いますが、この言葉はアメリカのみならず、文明社会そのものへの警鐘でもありました。

「母と暮せば」のラストは長崎の黒崎教会での葬儀のシーンでした。

非常に感動的で、わたしは「死は不幸な出来事ではない」、そして「死者を忘れてはならない」というわが信条を再確認することができました。戦後七〇年となる大きな節目の年の師走にこの映画を観ることができ、本当に良かったです。

大切なことを伝えたい母の思い

『はなちゃんのみそ汁』

2015年
日本

がんに侵され余命わずかな母親が、幼い娘にみそ汁の作り方を教えるという感動ドラマ。闘病を描くのではなく、病と向き合う家族の生き方やあり方を見つめながら成長していく姿が新鮮で感動的。母親を広末涼子が好演。

この映画の公式ＨＰには、「がんでこの世を去った千恵、三三歳。五歳の娘と夫、家族との日々をつづったブログを基にしたエッセイ『はなちゃんのみそ汁』は二〇一二年に発売されるやいなや、常にひたむきな明るさで生きる安武一家の姿が日本中で大きな話題を呼び、関連書籍やテレビドラマ化、教科書への採用など社会現象を巻き起こし、このたびついに映画化」とあります。

映画の冒頭、教会の鐘が鳴るシーンが登場します。そこに、主演を務めた広末涼子の「人生では三回鐘が鳴るという。一回目は生まれたとき、二回目は結婚するとき、そして三回目は死んだときだ」というナレーションがかぶさるのですが、わたしは「なんだか某冠婚葬祭互助会のＣＭみたいだなあ」と思いました。

それから、この映画を観て思ったのは、ガンで若い母親が亡くなる暗い話なのに、あまり暗くないことでした。もちろん、ガンが再発したときの絶望感とか、家族と別れる悲しみとかは描かれているのですが、全体的に「死すべき人間」という運命を受け容れた爽やかささえ感じます。その理由の一つとして、主人公の千恵がカトリックのクリスチャンだったことがあると思います。キリスト教では「死」は天国に帰る「帰天」であり、けっして不幸な出来事ではないからです。

わたしは昔から広末涼子がわりと好きで、彼女が出演する映画もよく見てきました。葬儀をテーマとした「おくりびと」でも、そこはかとない色気を漂わせていましたが、この「はなちゃんのみそ汁」の広末涼子はまったく色気がありませんでした。

それだけ、ガン患者をリアルに演じたのかもしれませんが、女子大生を演じた場面でも輝きが感じられなかったので、理由はそれだけではないのかもしれません。何が言いたいのかというと、この映画での彼女は自らの美貌に一切頼ることなく、ただひたすら演技力で勝負したということです。その表情の豊かさには目を見張るものがありました。

ガンといえば、映画の中で千恵が「ガンという言葉は暗くて嫌だ」と言う場面があります。それで「ガン」の代わりに「ポン」と呼んでほしいと言い、彼女の夫と姉が「乳ガン」を「乳ポン」などと言い換えると千恵が笑い出します。

言葉の持つパワーというものを感じさせますが、この「ポン」というのは、『泣いて生まれて笑って死のう』（春陽堂書店）の著者である産婦人科医の昇幹夫氏の言葉です。

わたしは、この昇氏の指摘はものすごく重要ではないかと思います。言葉には手垢がつき、その音を聞いただけでイメージができあがります。たとえば「便所」と聞くとなんとなく悪臭を感じますが、「パウダールーム」と言い換えるとイメージが変わります。別にカタカナに限りません。「おくりびと」という造語が、いかに従来の葬祭業者にまとわりついていた負のイメージを落としてくれたことでしょう。それにしても、ガンをポンに変えるとは！

千恵は亡くなる前に「わたしはツイてる」と書き残して旅立って行きましたが、本当に彼女はツイていたと思います。だって、良き夫を得て、かわいい娘を授かって、素晴らしい生前葬を行って、さらには本物の葬儀で天国に旅立ったわけですから。

それにしても、彼女が妊娠したとき、ガンの再発を恐れて中絶も考えたとき、「おまえは死んでもいいから産め」と言い放った彼女の父親は偉かったと思います。結果的に、彼女は娘を産んで育てたことで、幸せで「ツイてる」人生を送ることができたわけです。

はなに対して千恵は、「ちゃんと作る」「ちゃんと食べる」ことの大切さを徹底的に教え込みました。これは、すべての日本人が肝に銘じるべき言葉であると思います。手軽なインスタント食品やファーストフードばかり食べていては、日本のガン患者は増える一方です。

最後に、わたしは千恵がちゃんと結婚式を挙げ、ちゃんと葬儀を挙げたことを素晴らしいと思いました。ちゃんと結婚式をする、ちゃんと葬儀をする……ちゃんと儀式をすることが、ちゃんと人生を送ることにつながるのです。この映画を観て、そんなことを思いました。

この物語は実話ですが、成長したはなちゃんは料理の名人になりました。

先祖へつながる家族の絆

『そして父になる』

2013年
日本

是枝裕和監督。子どもの取り違えという出来事に遭遇した2組の家族を通して、愛や絆、家族といったテーマを感動的に描く。順調で幸せな人生を送ってきた主人公を、福山雅治が好演。

「そして父になる」の主人公・野々宮良多は、順調な人生を送るエリート・ビジネスマンです。彼は、自身の力で誰もがうらやむような学歴や仕事、良き家庭を勝ち取ってきました。そんな「勝ち組」の彼に、ある日、思いもよらない出来事が起こります。六年間大切に育ててきた息子が、出産のときの病院内で他人の子どもと取り違えられていたことが判明したのです。

　これまで過ごしてきた時間を重視して、現在の息子をそのまま育てるか。それとも血のつながりを尊重して、本当の息子を取り戻すか。究極ともいえる葛藤の中で、それぞれの家族が苦悩していく姿をリアルに描きます。

　あまりストーリーを詳しく追うとネタバレになるので控えますが、この映画、観ていてけっこうハラハラドキドキします。二組の夫妻は、それぞれ育てた子どもを手放すことに苦しみます。

しかし、「どうせなら早いほうがいい」という良多の意見で、互いの子どもを「交換」します。それが正解だったのか、間違いだったのか、映画の中で結論は出ていません。

観客もさまざまな意見を抱いたことでしょうが、わたしは二人の子どもが六歳であることに注目しました。つまり、七歳前であるということに……。

古来わが国では「七歳までは神の内」という言葉がありました。また、七歳までに死んだ子どもには正式な葬式を出さず仮葬をして家の中に子供墓をつくり、その家の子どもとして生まれ変わりを願うといった習俗がありました。つまり、子どもというものはまだ霊魂が安定せず「この世」と「あの世」の狭間にたゆたうような存在であると考えられていたのです。

七五三はそうした不安定な存在の子どもが次第に社会の一員として受け容れられていくための大切な通過儀礼です。七五三は、一般に三歳の男女と五歳の男児、七歳の女児を対象にこれまでの無事の感謝と更なる成長を祈願して一一月一五日に氏神に参詣する儀礼ですが、その時代や地方によって年齢と性別の組み合わせはさまざまであり、二歳や九歳で同様の儀礼を行うところもあります。一一月一五日という日付も、徳川幕府の五代将軍綱吉の子である徳松がその日に髪置きの儀礼を行ったことに端を発するとする説や、霜月の祭りに合わせたとする説、陰陽道によるものとする説などがあり、地方によっては必ずしもこの日に行われるわけではありませんでした。現在のような華美な七五三の風景は明治以降のものです。

それから、この映画には「爪揚げ」がキーワードとして頻出します。

じつは実際に凧揚げをするシーンは登場しないのですが、親子での遊びとしての「凧揚げ」という言葉が何度も出てくるのです。

わたしは人間の幸福をよく凧にたとえます。現代人はさまざまなストレスで不安な心を抱えて生きています。空中に漂う凧のようなものです。そして、凧が安定して空に浮かぶためには糸が必要です。さらに安定して空に浮かぶためにはタテ糸とヨコ糸が必要です。タテ糸とは時間軸で自分を支えてくれるもの、すなわち「先祖」です。ヨコ糸とは空間軸から支えてくれる「隣人」です。この二つの糸があれば、安定して宙に漂っていられる、すなわち心安らかに生きていられる。これこそ、人間にとっての真の「幸福」の正体だと思います。

先祖を大切にするといえば、この映画には仏壇もよく登場しました。良多の妻。みどりの実家、斎木家にはそれぞれ仏壇があります。みどりとその母は、何かあると仏壇のご先祖さまに報告・相談し、斎木家では朝起きるとまず仏壇に手を合わせて「おはようございます」と挨拶します。

ただし、良多一家の自宅マンションには仏壇がありません。言うまでもなく、仏壇は「血縁」のシンボルです。仏壇とは、一般に仏像を安置し礼拝や供養を行う壇のことですが、現在の日本では、仏像とともに祖先の位牌を安置する家の中の厨子をさします。そこには、わたしたちの先祖が住んでいます。仏壇とは、わたしたちと先祖をつなぐメディアなのです。

わたしたちは、先祖、そして子孫という連続性の中で生きている存在です。遠い過去の先祖、遠い未来の子孫、その大きな河の流れの「あいだ」に漂うもの、それが現在のわたしたちに他なりません。その流れを意識したとき、何かの行動に取り掛かる際、またその行動によって自分の良心がとがめるような場合、わたしたちは次のように考えるのです。

「こんなことをすれば、ご先祖様に対して恥ずかしい」

「これをやってしまったら、子孫が困るかもしれない」

こういった先祖や子孫に対する「恥」や「責任」の意識が日本人の心の中にずっと生き続けてきました。それらの意識は「家」という一字に集約されるでしょう。かつての日本人には「家」の意識があったのです。貧しくとも、斎木一家が仲良く楽しそうに暮らしているのも、仏壇の存在、つまりは「先祖と暮らす」というライフスタイルが大きく影響していると思います。

逆に、無機的な高級マンションで、良多が新しい息子に挨拶の仕方や箸の持ち方などをいくら教育しても効果がないのは、家に仏壇がないことも影響しているのではないでしょうか。血縁というタテ糸のない躾には説得力がありません。

最後に強く感じたのは、家族写真の存在でした。良多はカメラが趣味で、交換前の一人息子の慶多もカメラに興味を示します。そして、彼ら親子がその絆を確認したのは、慶多が撮影し続けた父・良多の写真でした。この映画では、二つの家族が河原で集合写真を撮影する場面が出てきます。それを見ながら、わたしは家族写真というのは「家族の見える化」であると思いました。

3・11をはじめとした津波のとき、多くの人は家族写真が貼られたアルバムを持って逃げたといいます。津波からしばらく時間が経過して、被災者の多くは家族写真の復元を希望しました。

それは、家族写真こそが「家族」という実体のあやふやなものに形を与え、「見える化」してくれるからに他なりません。逆に言えば、家族写真がなければ、「家族」というものの存在に確信が持てないのではないでしょうか。

葬儀の最後には、「思い出のアルバム」のDVDがよく流されます。それらを観ると、故人が生まれたときの写真、子どもの頃、成人してからの写真。本人の宮参り、七五三、成人式、結婚式、わが子の宮参り、百日祝いなどなど、冠婚葬祭の写真が多いことに気づきます。最近では、BGMにこの映画で主演を務めた福山雅治の「家族になろうよ」が流れることが多いです。

冠婚葬祭は家族との思い出そのものであり、写真と同じく「家族」を見える化してくれる文化装置なのです。結婚式や葬儀、七五三や成人式や法事・法要のときほど、「血縁」というものが強く意識されることはありません。

この映画を観て、ちょっと不満だったのは、主人公の良多が悪く描かれ過ぎていることです。彼は別にダメ親父などではなく、ただ自分の仕事に責任を持って情熱を注ぎ込んでいるだけです。その結果、家族と過ごす時間が少なくなっている弊害もありますが、映画を観るかぎり、彼は精一杯に時間を作って家族とのコミュニケーションに努力しているように思えました。

わたしもどちらかというと良多のように仕事人間で家族サービスには不器用なほうなので言い訳に聞こえるかもしれませんが、良多は良多なりに家族を愛しているのだと思います。いつも家にいて、子どもと遊んでやるだけが父親の役目ではありません。

「東京物語」へのオマージュ

『東京家族』

2012年
日本

山田洋次監督作品。瀬戸内の小島から上京し、自分の子どもたちと久々の対面を果たした老夫婦の姿を通して、現代日本における家族の在り方や絆などを見つめていく……巨匠・小津安二郎の代表作「東京物語」へのオマージュといえる作品。

この作品は、小津安二郎の名作「**東京物語**」（五三）へのオマージュとなっています。「東京物語」完成から六〇周年、そして山田洋次監督の監督生活五〇周年を記念して製作されました。

この映画に出演している人々の演技は、どれも素晴らしいものでした。

出演者そしてスタッフ全員が、小津安二郎と山田洋次という新旧の日本映画界の巨匠に対して限りないリスペクトの心を抱いていることがよくわかりました。橋爪功、吉行和子の主演二人の名演技は言うに及ばず、末っ子の昌次を演じた妻夫木聡が特に良かったです。彼の号泣する演技は日本映画でも最高のレベルにありますが、この映画でも存分に泣いてくれました。

一方、少し違和感があったのが昌次の恋人である紀子を演じた蒼井優の存在でした。「東京物語」の登場人物たちは、基本的に「東京物語」を踏襲しており、名前まで一緒です。「東京物語」

での紀子役は、かの原節子でした。つまり、蒼井優は「平成の原節子」の役柄を演じているわけです。しかし、それにしては声がハスキーすぎて「感じのいい娘」のイメージにそぐわないように思えました。あの声は、まるで美空ひばりです。

わたしは小津の映画が昔から大好きで、ほぼ全作品を観ています。

黒澤明と並んで「日本映画最大の巨匠」であった彼の作品には、必ずと言ってよいほど結婚式か葬儀のシーンが出てきました。小津ほど「家族」のあるべき姿を描き続けた監督はいないと世界中から評価されていますが、彼はきっと、冠婚葬祭こそが「家族」の姿をくっきりと浮かび上がらせる最高の舞台であることを知っていたのでしょう。

わたしはこの映画を観て、何度も泣きました。もちろん、主人公の老夫婦の姿に自分の両親の姿を重ね合わせたという部分もあります。そういえば、わたしが小学生くらいの頃、テレビの映画劇場で「東京物語」を放映したことがありました。そのとき、普段は映画など観ない父が珍しく鑑賞して、その目が赤くなっていることに気づきました。母いわく、父は故郷の千葉県富津に暮らす年老いた両親（わたしにとっては祖父母）のことを思い出しているとのことでした。その祖父母も、その後しばらくして亡くなりました。

小津監督が多くの葬儀の場面を描き続けたように、冠婚葬祭こそは「家族」の姿をくっきりと浮かび上がらせる最高の舞台であると再認識しました。

「死者を忘れるな」という強烈なメッセージ
『悼む人』

2015年
日本

人気作家・天童荒太の直木賞受賞作を映画化。何の関わりもない死者を悼むため全国放浪の旅をする男性と、彼をめぐる人々が織り成す人間模様を描く。堤幸彦監督作品。主演は高良健吾、ヒロインを石田ゆり子が演じる。


天童荒太氏が書いた原作小説を読んだとき、わたしは非常に驚きました。

なぜなら、わたしが常日頃から考え続けていることが、そのまま書かれていたからです。

それは、「死者を忘れてはいけない」ということ。そして、主人公の「悼む」儀式が、各地の名所旧跡で過去の死者たちのために鎮魂の歌詠みを続けるわたしの行いを連想させたからです。

実際、この映画の主人公である静人ほどではないにしろ、それに近いことは今でも日常的に行っています。ある方から、「一条さんは、リアル『悼む人』ですね」と言われたこともあります。

病死、餓死、戦死、孤独死、大往生……時のあけぼの以来、これまで、数え切れない多くの人々が死んで、死んで、死に続けてきました。わたしたちは、常に死者と共に存在しているのです。

絶対に、彼らのことを忘れてはなりません。死者を忘れて生者の幸福などありえないと、わたしは心の底から思います。

しかし、現代の日本社会はどうでしょうか。日本人では、通夜も告別式もせずに火葬場に直行するという「直葬」が増加し、遺骨を火葬場に捨ててくる「0葬」といったものまで登場しています。わたしは信じられない思いでいっぱいです。

なぜ日本人は、ここまで「死者を軽んじる」民族に落ちぶれてしまったのでしょうか？

わたしは、「日本民俗学の父」と呼ばれる柳田國男の名著『先祖の話』（角川ソフィア文庫）の内容を思い出します。

『先祖の話』は、敗戦の色濃い昭和二〇年春に書かれました。柳田は、連日の空襲警報を聞きながら、戦死した多くの若者の魂の行方を想って書いたといいます。

「この敗戦によって、日本人は先祖供養を忘れるのではないか」という柳田の危惧は、それから七〇年以上を経て、現実のものとなりました。日本人の自殺、孤独死、無縁死が激増し、通夜も告別式もせずに火葬場に直行するという「直葬」も増えています。

いつしか、日本人の多くは死者を「悼む」ことを忘れてしまったようです。

家族の絆はドロドロに溶け出し、「血縁」も「地縁」もなくなりつつあります。『葬式は、要らない』などという本がベストセラーになり、日本社会は「無縁社会」と呼ばれるまでになりました。この「無縁社会」の到来こそ、柳田がもっとも恐れていたものだったのではないでしょうか。

彼は「日本人が先祖供養を忘れてしまえば、いま散っている若い命を誰が供養するのか」という悲痛な想いを抱いていたのです。折しも終戦七〇年の年に、「死者を忘れるな」というメッセージが込められたこの映画が公開されたことは意義があると思います。

でも、原作と映画では印象が異なることも事実です。原作の小説では静人の行動や心情に深く共感できたのですが、正直言って、映画では少々違和感を覚えました。わたしの抱いた違和感は、見事なくらいに他の登場人物たちが代弁してくれていました。

まず石田ゆり子演じる倖世は「すべての人を悼むことはできない」と言います。その通りです。静人は新聞記事で知った殺人現場や事故現場に行って死者を悼むわけですが、それは数えきれない死者の中のほんの一部でしかありません。彼の行為は「中途半端」であると言われても仕方はないと思います。

死者が亡くなった原因にはまったく関心を払わないという静人の主義にも違和感を覚えます。わたしは「死は平等である」という信条を持っていますが、死に方は別です。殺人、自殺、孤独死などの死に方がいいはずはないでしょう。よく、スピリチュアリストなどに「死ぬ瞬間は、人間みな幸福感に包まれるのだから、死に方は関係ないのですよ」などという人はいますが、わたしは間違っていると思います。絶対に「殺人、自殺、孤独死もまた良し」などと肯定してはなりません。そんなことをすれば、社会が崩壊してしまいます。

その意味で、何人もの罪のない人を殺して死刑になった殺人犯の死と、その殺人犯から理不尽にも命を奪われた幼児の死を同等に扱うという静人の「悼み」には違和感を覚えるのです。

また、亡くなった人が生前「誰に愛されたか」「誰を愛したか」「どんなことをして人に感謝されていたか」を重んじるという静人の「悼み」にも疑問を感じます。最初の二つはまだいいでしょう。しかし、問題は三つ目です。はっきり言って、誰からも感謝されない人間というのは存在します。そういった人間でも他人から感謝されていたという口上を静人は述べますが、わたしには詭弁というか、彼自身の気休めとしか思えませんでした。そう、静人の「悼む」行為そのものが彼の気休めであり、さらには彼の自我が崩壊しないための心理的自衛行為のように思えました。

映画では椎名桔平演じる雑誌記者の蒔野抗太郎から「なぜ、君には無関係の他人の死を悼むのか」と問われて、静人は「そう質問されたときは、ぼくは病気なのだと答えるようにしています」と言いますが、わたしは静人は本当に病気なのだと思います。

おそらく、静人は自分が知った非業の死を遂げた人々の存在が自分を神経症的症状に追い込むことを恐れているのでしょう。「彼らを悼まなければ、自分は狂ってしまう」と思っているのかもしれません。そうであるならば、新聞の死亡記事など読まなければいいのですが、逆に読まずにはおられない。だから彼は病気なわけですが、読むことによって、新たな非業の死を知ってしまう。知ったからには死者を悼まずにはいられない。静人の不可解な行動の背景には、こういった事情があるように思えます。そして、そのことを大竹しのぶ演じる静人の母・巡子は知っていたに違いありません。

当たり前の話ではありますが、最大の「悼む」方法とは、やはり葬儀ではないかと思います。

わたしは、仕事柄もあって日々いろんな葬儀に立ち会います。中には参列者が一人もいないという孤独な葬儀も存在します。そんな葬儀を見ると、わたしは本当に故人が気の毒で仕方がありません。亡くなられた方には家族もいたでしょうし、友人や仕事仲間もいたことでしょう。なのに、どうしてこの人は一人で旅立たなければならないのかと思うのです。もちろん死ぬとき、誰だって一人で死んでゆきます。でも、誰にも見送られずに一人で旅立つのは、あまりにも寂しいではありませんか。

故人のことを誰も記憶しなかったとしたら、その人は最初からこの世に存在しなかったのと同じではないでしょうか。静人は「あなたが確かに生きていたということを私は憶えておきます」と死者に語りかけますが、それと同じことをわが社の葬祭スタッフはいつも心掛けています。

限りない家族への希望

『四十九日のレシピ』

2013年
日本

母が亡くなりそれぞれに傷を負いながらも、四十九日までの日々を過ごす間に再生への道を歩み始める家族の姿を描き出す。主人公に永作博美。その父親を石橋蓮司、二階堂ふみや岡田将生ら若手俳優も共演を果たす。

原作は伊吹有喜原作の小説で、ＮＨＫドラマとしても放映されています。

それぞれに傷つきながら離れ離れになっていた家族の、亡き母の四十九日までの日々を過ごす間に再生への道を歩む姿が描かれています。新旧の演技派俳優が豪華共演を果たしていますが、淡々としたストーリーの中に繊細な人間ドラマが描かれ、観る者に静かな感動を与えてくれます。

熱田良平（石橋蓮司）は、妻の乙美を亡くします。彼は、愛妻の急死で呆然自失としますが、二週間が過ぎた頃、派手な身なりのイモ（二階堂ふみ）という若い女性が熱田家を訪問してきます。突然現われたイモは、亡き乙美から自身の「四十九日」を無事に迎えるためのレシピを預かっているといいます。良平がイモの出現に目を白黒させているとき、夫（原田泰造）の不倫で、離婚届を突き付けてきた娘の百合子（永作博美）が東京から戻って来るのでした。

主演は百合子役の永作ですが、わたしは彼女が昔から大のお気に入りでした。アイドル時代から好感を持っていましたが、女優になってからもその演技力に魅せられてきました。たとえば、**「その日のまえに」**（〇八）や**「八日目の蝉」**（一一）などの演技も素晴らしかったです。

継母、不妊、親の介護、不倫、離婚といった悩ましいテーマのオンパレードでしたが、「よくぞ、ここまで」といった感じで家族の危機を描いています。それでも、この映画に限りない家族への希望のようなものが感じられるのは、ひとえに亡くなった母、つまり死者の存在によるものでしょう。そう、生きている人間は死者によって支えられているのです。

百合子は、亡くなった母の乙美の人生を年表にすることを思いつきます。それを「四十九日」の大宴会で発表したいと考えたのです。しかし生涯、わが子を産まなかった乙美の人生は変化に乏しいものでした。自身も子を産んでいない百合子は、「子どもを産まなかった女の人生は、こんなにも空白が多いものか」といって嘆きます。また、多くの恵まれない子どもたちのお世話をしてきた乙美の人生は、じつは空白など存在しない豊かなものでした。

この場面を観て、わたしは、どんな人の人生も極上の物語であると思いました。

そして、「四十九日」の意味に思いを馳せました。四十九日とは、仏教でいう「中陰」であり「中有」です。死者が生と死、陰と陽の狭間にあるため「中陰」と呼ばれるわけですが、あの世へと旅立つ期間を意味します。すなわち、亡くなった人があの世へと旅立つための準備期間だとされているのです。しかし四十九日には、亡くなった方が旅立つための準備だけではなく、愛する人を亡くした人たちが故人を送りだせるようになるための「こころの準備期間」でもあります。

ある意味で壮大な「精神科学」でもある仏教は、死別の悲しみを癒すグリーフケア・テクノロジーとして「四十九日」というものを発明したのかもしれません。亡くなった直後ならショックが大きけれども、四十九日を迎えた後は、少しは精神状態も落ち着いています。日本人がいかに「四十九日」というものを心の支えにしてきたかは計り知れません。

最後に、乙美の四十九日の大宴会には、多くのフラガールが参加して、優雅に踊ります。もともと、フラダンスとは盆踊りと同じく、死者の霊を慰めるためのものでした。宴会の終わりには、フラダンスで歌われる「アロハ　オエ」も流れて、みんなで踊りますが、この歌こそは最愛の人との別れの歌です。

これほど、センチメンタルでロマンティックで悲しい歌もありません。

冠婚葬祭と家族愛を描いた沖縄の映画『涙そうそう』

2006年
日本

歌手の森山良子が他界した兄を想い作詞した、「涙そうそう」の世界観を映画化。幼くして親を亡くした兄と血の繋がらない妹との絆を沖縄を舞台に描く。主題歌、主演ふたりのさわやかな演技が感動を呼ぶ。

「涙そうそう」といえば、歌手の森山良子が亡き兄を思って歌った歌です。石垣島出身の夏川りみが歌って大ヒットし、それをモチーフにして映画にもなりました。

映画では、妻夫木聡と長澤まさみが、血のつながっていない兄と妹を演じました。どんな困難に直面しても、「なんくるないさ〜」と笑う兄の前向きさと、そんな兄を心から慕う妹の可憐さが印象的でした。この映画の最大のハイライトは、なんといっても兄妹の別れのシーンです。何度観ても泣けてくる名場面です。

妻夫木聡が鼻をつまんで男泣きする姿は一世一代の名演技ですね。観ているこちらまで鼻をつまんで泣きたくなってきます。いくら我慢しても、涙が出てきます。

沖縄には、人は亡くなったら海の彼方の「ニライカナイ」という理想郷に行くのだという伝説があります。妹は「会いたいときは、いつでも会えるから」と言って兄と別れますが、二人はもう会うことはありませんでした。無理がたたって兄が亡くなってしまうからです。

兄の葬儀を終え、砂浜に座って海を見つめる妹に、平良とみ演じる祖母が優しく声をかけ、「兄さんはニライカナイで幸せに暮らすんだよ」と言うのです。死者が海の彼方の理想郷で生きているというファンタジーを大切にする沖縄の人々は、本当に心ゆたかであると思わずにはいられません。そして妹の元に亡くなった兄から荷物が届きます。それは妹の成人式用の着物でした。

兄は、たった一人の妹に成人式の晴れ着を買ってやるために、無理をして働いていたのですね。そのために若くして命を落としてしまったわけですが、そんな兄の深い愛情は妹の心にしっかりと届くのでした。こんなにも成人式を大事にしている人もいるのですから、一時は有名だった沖縄の荒れる成人式は悲しかったですね。「守礼之邦」の名が泣きます！　その後、わが社の結婚式場の若手スタッフの尽力もあって、沖縄の成人式も大きく変わりましたが……。

ラストでは、夏川りみの歌声に乗って、妹の美しい晴れ着姿が映し出されます。

成人式があって、葬儀がある。当然ながら、兄は成人式後の妹の花嫁姿も見たかったはずです。そこには、家族への限りない愛があります。

「涙そうそう」は、まさに冠婚葬祭と家族愛を描いた沖縄の映画でした。

戦闘シーンがリアルな日本人原作の傑作ＳＦ
『オール・ユー・ニード・イズ・キル』

2014年
アメリカ

作家・桜坂洋のライトノベルを、トム・クルーズ主演で映画化したSFアクション。近未来の地球を舞台に、ある兵士が戦闘と死をループしながら、幾度も戦闘するうちに技術を身に付けていくさまを描く。

この映画の原作は桜坂洋氏のライトノベルです。日本人作家の作品をトム・クルーズが映画化する時代になったのですね。なんともいえない感慨があります。

この映画を観て、わたしが最初に思ったのは、「宇宙戦争」の現代版だということです。トム・クルーズはスティーヴン・スピルバーグが監督した「**宇宙戦争**」（〇五）に主演していますが、あの作品の原作はＨ・Ｇ・ウェルズの古典ＳＦ小説でした。「宇宙戦争」と同じく、この映画も地球を侵略しようと企むエイリアンと人類との戦いを描いています。しかも、エイリアンの造形まで似ています。これは、まるで「宇宙戦争」へのオマージュではないかとさえ思えます。

この作品では、戦闘シーンが延々と登場します。わたしは基本的に戦闘シーンというものはあまり好きではないのですが、この映画だけは例外でした。なんというか、ほとんどロボットのような恰好でエイリアンと戦うという近未来の設定であるにもかかわらず、まるで太平洋戦争の映画を観ているようなリアル感があるのです。それはおそらく、この映画の目玉の一つになっている機動スーツのデザインにも起因しているのでしょう。

この機動スーツを観て、わたしは「機動戦士ガンダム」を連想しました。また迫力ある戦闘シーンからは、大友克洋のコミック『ＡＫＩＲＡ』（講談社）を連想しました。この映画にはクール・ジャパンが満ちています。そして、兵士たちの戦い方がどことなく日本兵を想起させるのです。

この映画の戦闘シーンは、過去のＳＦ映画の戦闘シーンと比較してもトップレベルであると思います。しかし、このような激しい戦闘を繰り返して何度も死に、何度も目覚め、また死ぬというのは、ある意味で最大級の「地獄」です。仏教で最悪の地獄は「無間地獄」ですが、この映画にはそれ以上の地獄が登場するのです。

それにしても、トム・クルーズ扮する主人公ケイジが戦争の素人だったとはいえ、戦地に立つたびにすぐ死ぬのを観て、わたしは「これが戦争の現実かもしれない」と思いました。実際の激しい戦闘では、何十分も何時間も戦闘を繰り返すということはなく、つねに秒殺の連続なのでしょう。

何度もゲームオーバーになり、何度も死んで、何度も目覚める。そして、何度も初めからやり直す……この気の遠くなるような営みは一見、「輪廻」のメタファーのように思えます。数え切れないほどの膨大な時間（実際はタイムループするので、時間は経過していない）を費やす場面からは仏教の世界観さえ感じます。しかしながら、主人公の意識や記憶はそのままで他の存在に生まれ変わるわけではないわけですから「輪廻」とは違うでしょう。

それよりも、わたしは「学習」のメタファーであると思いました。何度も間違えて、何度も学習して、少しずつ技術を身につけ、少しずつ失敗しなくなる……この映画の主人公も目覚めるたびに強い戦士へと成長していきます。その姿は難読症という学習障害を抱えながらも、周囲の人間の話を何度もよく聴くことでそれを乗り越えてきた「学びの達人」であるトム・クルーズ自身の人生を彷彿とさせます。

そして、「次がある」「失敗しても最初からやり直せる」と思っているうちは、やはり失敗してしまうもの。「もう後がない」「絶対に失敗できない」という背水の陣に立ってこそ、人は志を果たすことができる。この映画から、そういったメッセージも感じました。

それにしても、この映画でトム・クルーズは史上最大の「ミッション・イン・ポッシブル」に挑む男を演じましたね。

最後に、この映画でヒロインを演じたエミリー・ブラントが魅力的でした。トム・クルーズ演じる臆病者のケイジと共闘する特殊部隊の女兵士リタを演じていましたが、トムに負けない存在感を放っていました。

「人間の尊厳」と「葬」の意味を問う名作

『サウルの息子』

2015年
ハンガリー

第68回カンヌ国際映画祭グランプリ。ナチス時代の強制収容所に送り込まれたユダヤ人たちの壮絶な宿命に迫る感動作。仲間たちの死体処理を請け負う主人公が息子と思われる少年をユダヤ人としてきちんと弔いたいと願う。

第八八回アカデミー賞外国語映画賞をハンガリー映画の『サウルの息子』が受賞しました。

アカデミーの外国語映画賞といえば、第八一回で日本の『**おくりびと**』（〇八）が受賞しましたが、『サウルの息子』は『おくりびと』と同じく、葬儀をテーマにした作品です。第六八回カンヌ国際映画祭でもグランプリに輝き、世界中で感動を巻き起こしました。

一九四四年一〇月、アウシュヴィッツ＝ビルケナウ収容所。ハンガリー系のユダヤ人であるサウルは、この地獄のような場所でゾンダーコマンドとして働いています。ゾンダーコマンドとは、ナチスが選抜した、同胞の死体処理に従事するユダヤ人の特殊部隊のことです。

収容所には連日、列車で多くのユダヤ人が移送されてきます。彼らは労働力になる者とそうでない者に振り分けられ、後者はガス室に送られます。サウルの仕事は、後者となった同胞たちの衣服を脱がせ、ガス室へと誘導するというものです。さらには残された衣服を処分し、金品を集めます。扉が閉ざされたガス室は阿鼻叫喚《あびきょうかん》に包まれます。その声も途切れると、ゾンダーコマンドたちはガス室の床を清掃し、死体を焼却場に運びます。そして、殺されたユダヤ人たちの遺灰を近くの川に捨てるのでした。

ゾンダーコマンドたちがそこで生き延びるためには、人間としての感情を押し殺すしかありません。ある日、サウルは、ガス室で生き残った息子とおぼしき少年を発見します。少年はサウルの目の前ですぐに殺されてしまうのですが、サウルはなんとか息子を正しい儀式で弔ってやりたいと考えます。このままでは息子の遺体は解剖されて焼却される運命にあります。

しかし、ユダヤ教では火葬は死者が復活できないとして禁じられているのです。サウルは、ユダヤ教の聖職者であるラビを捜し出し、ユダヤ教の教義にのっとって息子を手厚く埋葬してやろうと収容所内を奔走します。

ゾンダーコマンドの存在を知らなかった日本人は多いと思いますが、わたしも二〇〇一年に製作され、二〇〇三年に日本で公開されたアメリカ映画**『灰の記憶』**を観るまでは知りませんでした。ティム・ブレイク・ネルソンが監督・脚本を務めた『灰の記憶』は実在のユダヤ人医師、ミクロシュ・ニスリの手記を基に映画化されました。アウシュヴィッツ強制収容所のガス室で奇跡的に生き残った少女の命を守るユダヤ人たちの葛藤と勇気を描いた作品です。

この映画において、サウルが「わたしの息子だ」という少年も、アウシュヴィッツ強制収容所のガス室で奇跡的に生き残ります。そのとき、少年の強い生命力に驚いた人々は「以前も少女が生きていた」と言いますが、その少女こそ「灰の記憶」の主人公のことだったのです。

一般にホロコーストを題材にした映画は暗くて悲惨ですが、これまでの作品群と比べても「サウルの息子」の暗さと悲惨さは想像を絶するほどです。なによりも、「自分がいま映画を観ているのだ」ということを忘れるくらいの迫真映像は、バーチャル・リアリティーのようでした。

独特の撮影手法によって、わたしたちはかつてないほどリアルに強制収容所内の光景を見ることができたのです。それにしても、これほどの映画を製作した人物がわずか三八歳の無名の新人監督であったとは驚きです。そのネメシュ・ラースロー監督は、インタビューで一九八五年のソ連映画**「炎628」**に大きなインスピレーションを受けたと述べています。クエンティン・タランティーノも「史上最高の戦争映画」と絶賛した映画です。

その「炎628」に多大なインスピレーションを受けたという「サウルの息子」にも、地獄のような光景が展開されます。アウシュヴィッツのガス室も日常的な地獄でしたが、さらなる地獄がスクリーンの中に映っていました。それは、三〇〇〇人ものユダヤ人が処刑されるためアウシュヴィッツに送られてきましたが、あまりにも人数が多くてガス室も焼却炉もパンクしてしまいます。するとナチスは、なんとユダヤ人たちを裸にして、生きたまま火炎放射器で焼き殺してしまったのです。これほど「人間の尊厳」というものを踏みにじった行為はありません。わたしは、呆然としてスクリーンを眺めていました。

現在の日本では、通夜も告別式もせずに火葬場に直行するという「直葬」が増え、あるいは遺灰を火葬場に捨ててくる「０葬」までもが注目されています。葬儀を行わずに遺体を焼却するという行為は「礼」すなわち「人間尊重」に最も反するものです。わたしは、「０葬」は「サウルの息子」で描かれた人間の最大の悪に通じる行為であると思います。

この映画を観て、頑なに火葬を拒み土葬に執着するサウルの姿に深く考えさせられました。

一神教の信者である人々にとって、葬儀という宗教儀式は故人が神の御許に帰ることができるかどうかという最重要問題です。わたしたち日本人は、葬儀というと、すぐに残された人びとの心の問題を考えてしまいますが、一神教の人々からすれば、そんなことは二の次であり、あくまでも神と人間との関係が最優先されるのです。この作品ではサウルが必死になって、ユダヤ教の聖職者であるラビを探していました。ラビを見つけたサウルは「息子を埋葬したい」と頼み込みます。困惑したラビたちは、とりあえず祈るしかないのですが、この場面を観て、わたしは「儀式とは何か」「祈りとは何か」ということを考えさせられました。

最後に、「サウルの息子」のラストシーンでは、サウルの微笑を見ることができます。この世の地獄に送られ、生きる希望をなくし、映画全篇を通じてまったく表情のなかったサウルですが、最後の最後に穏やかな微笑を観客に見せてくれます。どうして、サウルは微笑《ほほえ》んだのか。それはネタバレになってしまうので書くことはできませんが、わたしはこのラストシーンに非常に感動しました。興味のある方は、ぜひ御覧になってください。

コラム■映画から死を学んだ

●「風と共に去りぬ」にはじまる

わたしが映画好きになったのは小学生の頃です。きっかけはテレビの洋画番組でした。わたしが小学生時代を過ごした一九七〇年代は街の映画館の数が減っていき、映画を鑑賞することの文化的リソースの乏しい時代でした。

もちろん、レンタルビデオ店などというものはまだ登場しておらず、小倉という地方都市ゆえにシネコンもありませんでした。現在は日本トップクラスのシネコン都市になっていますけど。もっとも、「小倉昭和館」という名画座はありました。現在も続いており、二〇一六年で創業七七周年となります。かの松本清張も愛したことで知られます。洋画・邦画・そしてヨーロッパ・アジアのミニシアター系作品を二本立てで上映しており、わたしもよく通います。

しかし、小学生当時は名画座に通うわけにもいかず、もっぱらテレビで映画を楽しんでいました。テレビ朝日系「日曜洋画劇場」では淀川長治、TBS「月曜ロードショー」では荻昌弘、日本テレビ「水曜ロードショー」では水野晴郎、そしてフジテレビ「ゴールデン洋画劇場」では高島忠夫と、各テレビ局が提供する洋画番組には解説者がいました。

テレビ東京にも「木曜洋画劇場」という番組があり、河野基比古や木村奈保子といった解説者が活躍したそうですが、わたしは知りません。当時、テレビ東京は九州では放送されていなかったのです。現在は、系列のテレビ九州（テレQ）がありますが……。

プロの映画評論家であっても、わたしぐらいの世代の人にはテレビ映画解説から大きな影響を受けた人が多いようです。

そんなテレビの洋画番組で、わたしが生まれて初めて観た映画は**「風と共に去りぬ」**（三九）でした。たしか、新聞のテレビ欄を見ていた母が「テレビで『風と共に去りぬ』が放送される。すごいね！」と言っていた記憶があります。小学三年生ぐらいでしたか、普段は夜遅くまでテレビを観ることは許されないのに、その日の夜は母と一緒に「風と共に去りぬ」を観たのでした。

主役のスカーレット・オハラを演じたヴィヴィアン・リーの美しさに子ども心に一目惚れしたわたしは、「将来、この人に似た女性と結婚したい」と本気で思いました。

「風と共に去りぬ」という映画そのものからも、わたしは多大な影響を受けました。ヴィヴィアン・リーの吹き替えを栗原小巻が担当したのですが、ラストシーンの「明日に希望を託して」というセリフも心に残りました。

すっかり「風と共に去りぬ」とヴィヴィアン・リーの虜になってしまったわたしは、少しでも関連情報を得たくて、「スクリーン」や「ロードショー」といった映画雑誌の定期購読を始めました。映画音楽のＬＰの全集なども買いましたね。そして、雑誌で紹介されているブロマイドやスチール写真の通販を買い求め、ついにはレット・バトラー（クラーク・ゲーブル）とスカーレット（ヴィヴィアン・リー）が抱き合っている巨大パネルを購入して勉強部屋に飾っていました。

ずいぶんマセた小学生でしたが、このパネル、なんとわたしが結婚したしたときに寝室にも飾ったのです。うちの長女が幼い頃にパネルを見上げながら「これ、パパとママだよね」と言っていたことがなつかしいですね。当時、わたしはゲーブルみたいな口髭を生やしていました。わたしの妻が本当にヴィヴィアン・リーに似ていたかどうかですって？　それは秘密です。

初めてテレビで観た本格的な長編映画も「風と共に去りぬ」でした。それまでTVドラマは観たことがあっても、映画それも洋画を観るのは生まれて初めてであり、とても新鮮でした。まず思ったのが「よく人が死ぬなあ」ということ。南北戦争で多くの兵士が死に、スカーレットの最初の夫が死に、二人目の夫も死に、親友のメラニーも死ぬ。特に印象的だったのが、スカーレットとレットとの間に生まれた娘ボニーが落馬事故で死んだことです。

わたしは「映画というのは、こんな小さな女の子まで死なせるのか」と呆然としたことを記憶しています。このように、わたしは人生で最初に鑑賞した映画である「風と共に去りぬ」によって、「人間とは死ぬものだ」という真実を知ったのです。

逆に、「スクリーンの中で人は永遠に生き続ける」と思ったこともありました。

中学生になって、北九州の黒崎ロキシーという映画館で「風と共に去りぬ」がリバイバル上映されたことがあります。狂喜したわたしは、勇んで小倉から黒崎まで出かけ、この名作をスクリーンで鑑賞するという悲願を達成したのです。

そのとき、スクリーン上のヴィヴィアン・リーの表情があまりにも生き生きとしていて、わたしは「ヴィヴィアン・リーは今も生きている！」という直感を得ました。特に、彼女の二人目の夫やアシュレーがKKKに参加して黒人の集落を襲っているとき、女たちは家で留守番をしているシーンを観たときに強くそれを感じました。椅子に座って編み物をしているヴィヴィアン・リーの顔が大写しになり、眼球に浮かんだ血管までよく見えました。それはもう、目の前にいるどんな人間よりも「生きている」という感じがしたのです。それを観ながら、「こんなに生命感にあふれた彼女が実際はもうこの世にいないなんて」と不思議で仕方がありませんでした。「映画は不死のメディア」という考えは、このときに生まれたのかもしれません。

●「ライムライト」から学んだこと

「風と共に去りぬ」の影響ですっかり映画少年となったわたしは、それからもTVの洋画番組を愛し、新作映画を観るために映画館にも通いました。

「死」を描いた映画もたくさん観ました。フェデリコ・フェリーニの**「道」**（五四）では、薄幸の女ジェルソミーナ（ジュリエッタ・マシーナ）の死が哀れでたまらず、ラストのザンパノ（アンソニー・クイン）の号泣シーンで一緒に泣きました。

また、**「ゴッドファーザー」**（七二）を観たときは、あまりにも多くの登場人物が死ぬことに驚きながらも、「社会には暗部も存在する」という現実の一面を知った気がしました。

そんな中で、特にわたしの心に強烈な印象を残した映画は、チャールズ・チャップリンが監督と主演を務めた**「ライムライト」**（五二）です。

一九五二年という年は、チャップリンは一家をあげてアメリカを離れ、イギリスに渡った年です。彼を非米活動家と見なすアメリカ法務省は、チャップリンの帰米を許可しないと発表し、事実上の追放処置を決定しました。この年はまた、彼の自叙伝的映画ともいうべき「ライムライト」が完成した年でもありました。「ライムライト」には、ほとんど無条件といってもいい人間信頼、生命讃歌のメッセージが込められています。

物語は一九一四年、まだ第一次世界大戦がはじまっていない静かな初夏のたそがれのロンドンからはじまります。老いた喜劇役者カルヴェロは、ガス自殺を企てた若い娘を発見して、介抱します。娘の名はテリーで、バレー・ダンサーの修行をしていましたが、関節の痛みから脚がきかなくなったのです。彼女は生きる望みもなく、職も失い、不幸な解決を選んだわけです。

自殺未遂の少女テリーに向かってカルヴェロのいう言葉は、六三歳のチャップリンが人類に寄せるメッセージとなっています。

「人間の意識ができ上がるまでには何千年もかかっている。それを君は亡ぼしてしまおうとしたのだ。星になにができる。なにもできやしない。ただ空をめぐっているだけだ。太陽はどうだ。二億八〇〇〇マイルもの焔を噴きあげているが、それがどうだ。エネルギーの空費にすぎない。太陽は考えられるかい？　意識があるかい？　むろんありはしない。ところが君は自分を意識できるんだよ」

この言葉は生命への無条件の肯定であると同時に、チャップリンは自分が人の心を癒す白魔術師であることを告白しています。彼がキーワードにしている「意識」こそは、すべての魔術の基本となるものだからです。そして彼は、人を笑わせるという最大の白魔術によって、世界中の人々の意識をポジティブに変容させてきたのです。

だが、テリーはそんなに簡単には生への確信を持てません。貴族の息子に棄てられた小間使いの私生児として生まれた彼女は、人生のあらゆる苦しみをなめてきました。母は死に、姉は街の女となり、その上、今の自分は脚が麻痺して立つことさえできません。彼女には世の中のことすべてが無駄に思われます。花を見ても、音楽を聴いても、みんな無意味です。

そんな彼女に対して、カルヴェロは「意味などはどうでもいい。すべての生き物の目的は欲望なのだ。それぞれ欲望があるから、バラはバラらしく花を咲かせたがるし、岩はいつまでも岩でありたいと思ってこうして頑張っているんだ」と言います。

彼は話しながら、バラになり、岩になり、日本の松になり、三色スミレになります。そして、戦って生きることの美しさをテリーに説くのでした。

「恐れをもたなければ人生は美しい。勇気と、それから想像力をもつんだ、テリー」

ポジティブな「想像力」こそは、白魔術を作動させ、みずからが癒され、幸福になることのできるスイッチなのです。テリーはカルヴェロに対して問います。

「でも、なぜ戦うの？」

「生きるためさ！　生きることは金魚にとっても美しいんだ」

そのくせ、カルヴェロ自身が生きることへの恐れを克服できません。彼は寄席でさんざんな失敗を演じて帰ってきます。絶望の涙が頬を流れます。今度は、テリーがカルヴェロに生きるための想像力を説く番です。

「あなたの中にある力を信じなければいけないわ。戦うのは今よ」

テリーは、いつの間にか立ち上がり、歩いています。

「あら、カルヴェロ、ごらんなさい。私、歩いてるわ。歩いてるわ」
二、三年の月日が流れます。テリーはバレリーナとして、ロンドンはもちろん、世界のあらゆる首都で大当たりを取りました。その間にテリーの前から姿を消したカルヴェロは、流しの音楽師たちの仲間に入って乞食同然の生活をしていました。ある夜、この二人は偶然出会います。
テリーは、自分の今日を築いてくれたかつての大恩人のために慈善公演を開きます。最後にカルヴェロは舞台で成功し、同時に死んでいきます。テリーは彼の死を知らず、踊り続けます。このようにして生命は続いていくのでした。

実際のチャップリンは八八歳になるまで生きました。

一九七七年一二月二五日、奇しくもキリストが生まれた日の朝に、「現代のキリスト」と多くの人々が呼んだチャールズ・チャップリンは永眠したのでした。

●「タイタニック」と愛と死

成人してから、わたしが最も感動した映画は、ジェームズ・キャメロン監督の超大作である「タイタニック」（九七）でした。実際のタイタニック号沈没事故をめぐって、上流階級の娘ローズと貧しい画家志望の青年ジャック・ドーソンの悲恋を描いています。ローズはケイト・ウィンスレット、ジャックはレオナルド・ディカプリオが演じています。

二〇一二年四月一五日、タイタニック号が沈没してから、ちょうど一〇〇周年を迎えました。わたしは、その日の夜、沈没一〇〇周年を記念して公開された「タイタニック3D」を観ました。

ストーリーは、一〇〇年前のタイタニック号沈没の史実を交えて展開します。前半はラブストーリー大作、後半はパニック大作といった趣ですが、一九四分という長時間をまったく飽きさせない脚本はさすが。何度観ても、やはり抜群に面白い。久々に観直してみて、改めて「完璧な脚本だな」と感じました。以前はあまり気にとめなかった「碧洋のハート」と呼ばれる幻

のダイヤが、ストーリー全体における見事なスパイスとなっています。また、ローズとジャックの逃避行を利用して、船内をくまなく案内するなど、何度も「うーん、うまいなあ」と唸りました。

そして、この作品のテーマはまさに「愛」と「死」にほかならないと思いました。小説にしろ、演劇にしろ、映画にしろ、大きな感動を提供する作品は、「愛」と「死」という二つのテーマを持っています。古代のギリシャ悲劇からシェークスピアの『ロミオとジュリエット』、そして「タイタニック」まで、すべて「愛」と「死」をテーマにした作品であることに気づきます。

「愛」は人間にとって最も価値のあるものです。しかし、「愛」をただ「愛」として語り、描くだけではその本来の姿は決して見えてきません。そこに登場するのが、人類最大のテーマである「死」です。「死」の存在があってはじめて、「愛」はその輪郭を明らかにし、強い輝きを放つのではないでしょうか。「死」があってこそ、「愛」が光るのです。そこに感動が生まれるのです。逆に、「愛」の存在があって、はじめて人間は自らの「死」を直視できるとも言えます。

ラ・ロシュフーコーという人が「太陽と死は直視できない」と有名な言葉を残しています。たしかに太陽も死もそのまま見つめることはできません。しかし、サングラスをかければ太陽を見ることはできます。同じように「死」という直視できないものを見るためのサングラスこそ「愛」ではないでしょうか。誰だって死ぬのは怖いし、自分の死をストレートに考えることは困難です。しかし、愛する恋人、愛する妻や夫、愛するわが子、愛するわが孫の存在があったとしたらどうでしょうか。人は心から愛するものがあってはじめて、自らの死を乗り越え、永遠の時間の中で生きることができるのです。

いずれにせよ、「愛」も「死」も、それぞれそのままでは見つめることができず、お互いの存在があってこそ、初めて見つめることが可能になるのでしょう。

「死」といえば、沈没する豪華客船の船内を逃げ惑う乗客たちの姿を見ると、やはりどうしても、約一年前に発生した東日本大震災の犠牲者のことを連想してしまいました。

「不沈船」とまで呼ばれたタイタニックが沈むさまを見て、わたしは福島第一原発の事故を連想しました。このようにスクリーンの中の死者が現実の死者につながっていくことがあります。

わたしたちは、けっして死者を忘れてはなりません。

●小津映画と冠婚葬祭

テレビの映画番組は洋画中心でしたので、わたしも洋画ファンになり、日本映画はあまり観ない時期が続きました。しかし、大学生のときにレンタルビデオ店が普及し、過去の日本映画の名作を片っ端から鑑賞しました。

特に、二大巨匠である黒澤明と小津安二郎の作品はすべて観ました。黒澤の**「生きる」**（五二）からはわたしの死生観に大きな影響を与えられましたし、日本映画史上最高の名作と呼ばれる**「七人の侍」**（五四）は時間の経つのを忘れるほど物語に没頭しました。あれほど面白い映画は今

後も生まれないのではないでしょうか。まさに黒澤明は天才の中の天才であると思います。

しかし、年齢を重ねるに従って、その味わいがだんだん深くなっていくのは小津安二郎の映画です。彼の作品には、必ずと言ってよいほど結婚式か葬儀のシーンが出てきました

小津ほど「家族」のあるべき姿を描き続けた監督はいないと世界中から評価されていますが、彼はきっと、冠婚葬祭こそが「家族」の姿をくっきりと浮かび上がらせる最高の舞台であることを知っていたのでしょう。

その小津自身は、生涯、家族というものを持ちませんでした。女優の原節子と結婚するのではないかと噂になったことはあります。

「小津安二郎&原節子」の二人は、日本映画界における最強コンビでした。この二人に対抗しうるコンビは、わずかに「黒澤明&三船敏郎」だけでしょう。原節子は、**「晩春」**（四九）、**「麦秋」**（五一）、**「東京物語」**（五三）、**「東京暮色」**（五七）、**「秋日和」**（六〇）、**「小早川家の秋」**（六一）という六本の小津作品に出演しています。

映画評論家の西村雄一郎氏は、著書『殉愛　原節子と小津安二郎』（新潮社）の「あとがき」で次のように書いています。

「『晩春』は、劇中に能が登場する映画だが、実際に能の要素を取り入れた、小津作品中、最も

官能的な映画だといっていい。一時間四八分という比較的短い映画だが、無駄なカットが一切なく、どのシーンも必然性をもち、それぞれに緊密に連携し、特に清々しいまでの構成の美を感じさせる。それは、構成が、能の〝序・破・急〟を意識しているからだと思われる」

このくだりを読んで、わたしはハッとし、「なるほど、小津映画は能のリズムに似ている」と納得しました。西村氏は、さらに次のように書いています。

「小津の映画は、全部とは言わないが、多くは、この〝序・破・急〟のリズムを意識している。なかでも『晩春』は、特に能的なリズムにのっとった映画で、そのことが見終わってからの、見事なまでの無駄のなさ、きちんとした構造の強靭さを感じさせるのだ」

能のリズムを持った小津映画そのものが儀式的な映画であると言ってよいでしょう。

「晩春」のラスト近くには、結婚式の朝のシーンが登場します。原節子演じる紀子の支度が整い、みんなが式場に行こうとします。その前に、花嫁姿の紀子は笠智衆演じる父を呼び止め、三つ指をついて、「お父さん、長い間、いろいろお世話になりました」と言うのです。日本人なら誰でも涙腺が緩むシーンです。

「東京物語」では、葬儀が終わった後の描写も見事です。葬儀が終わり、料亭で会食をしますが、そのシーンが印象的でした。杉村春子扮する長女の志げは、「ねえ、京子、お母さんの夏帯あったわね。あれ、あたし形見に欲しいの」と言い出します。その志げも、長男の幸一も、三男の敬三（大阪志郎）も、次々に帰っていきます。

そして最後まで老父（笠智衆）の側にいたのは、戦死した二男の嫁である紀子（原節子）でした。老父は、血を分けた子どもたちよりも親切な紀子に感謝の言葉を述べ、亡き妻の形見である女物の懐中時計を贈ります。西村氏は、次のように述べています。

「父が懐中時計を渡した意味は、そこに〝時間の永遠性〟を表現しているのだ。たとえ持ち主が変わっても、人が滅して転じても、時間だけは常に絶え間なく流れていく。今という時間は、過ぎていく時間の最後の瞬間であり、次に来る時間の最初の時間だ。小津は『小早川家の秋』のラストで、笠智衆扮する農夫に、『死んでも死んでも、あとからあとからせんぐりせんぐり生まれてくるワ』と言わせている。それと同じように、『東京物語』のこのシーンでは、流れては消え、流れては消えする時間の永続性、無常観というものを、時計というオブジェによって表現しているのだ」

この文章を読んだとき、わたしはちょうど、『永遠葬』（現代書林）という本を書いていたところでしたが、「儀式とは、時間の永遠性に関わるもの」ということを改めて痛感しました。

チャップリンの映画も、小津の映画も、死んでも死んでも新しい生命が誕生し続けることを描いています。このような映画を観れば、死ぬのが怖くなくなるのではないでしょうか。

Movie Guide for
people wanting to overcome death

第2章

死者を見つめる

世界に日本の儀式の素晴らしさを発信

『おくりびと』

2008年
日本

遺体を棺に納める“納棺師”となった男が、仕事を通して触れた人間模様や上司の影響を受けながら成長していく姿を描いた感動作。誤解や偏見も受ける納棺師の仕事を淡々と描いた名作。第81回アカデミー外国語映画賞受賞。

「おくりびと」は、「死」という万人に普遍的なテーマを通して、家族の愛、友情、仕事への想いなどを直視した名作です。最も興味深く感じたのは、納棺師になる前の主人公の仕事がチェロ奏者という音楽家であった点でした。

儒教の開祖である孔子は、「礼楽」というものを重視しました。「礼」の重要性を唱えた孔子はまた、大の音楽好きでもあったのです。

『論語』には「楽は同を統べ、礼は異を弁《わか》つ」という言葉があります。楽すなわち音楽は、人々を和同させ統一させる性質を持ち、礼は、人々の間のけじめと区別を明らかにするといいます。つまり、師弟の別、親子の別というように礼がいたるところで区別をつけるのに対して、音楽には身分、年齢、時空を超えて人をひとつにする力があるというのです。

孔子は「礼楽」というコンセプトを打ち出すことによって儀礼と音楽が不即不離の関係であることを訴えたわけですが、葬儀という儀礼にも音楽が欠かせません。冠婚葬祭業を営むわが社では、葬儀の際に流す弦楽四重奏の音楽をはじめ、グリーフケア・サロンなどでもクラシック音楽による癒しを重視しています。

特に、マスカーニ「歌劇『カヴァレリア・ルスティカーナ』間奏曲」、エルガー「弦楽合奏のためのエレジー」「弦楽セレナーデ　第二楽章」、チャイコフスキー「アンダンテ・カンタービレ」、ラフマニノフ「ヴォカリーズ」、バッハ「G線上のアリア」などをよく流します。いずれも、聴く者の魂をその最深部から癒してくれる力を持っています。葬儀の場で、これらの名曲が弦楽四重奏で演奏されるとき、セレモニーホールは密度の高い芸術空間と化します。

ヨーロッパの中世の宗教画には、かわいい天使たちが手にいろんな楽器を持って音楽を奏でている場面が描かれています。現代日本の結婚式場やチャペルのデザインなどにも、よく使われています。作家の澁澤龍彦は、その天使の楽器について、さらに「天上」というキーワードを重ねて、「たしかに最高の音楽は、いわば天上的無垢、天上的浄福に自然に到達するものと言えるかもしれない。アンジェリック（天使的）という言葉は、たぶん、音楽にいちばんふさわしい言葉なのである」と述べています。英語でもフランス語でもドイツ語でも「遊ぶ」という言葉と「演奏する」という言葉は同じです。英語では「プレイ」ですが、日本語でも「遊ぶ」という表現は、古くは「神楽をすること」あるいは「音楽を奏すること」という意味に用いられました。

繰り返しますが、納棺師になる前の主人公はチェロ奏者でした。チェロ奏者とは音楽家であり、すなわち、芸術家です。そして、芸術の本質とは、人間の魂を天国に導くものだとされています。素晴らしい芸術作品に触れ心が感動したとき、人間の魂は一瞬だけ天国に飛びます。絵画や彫刻などは間接芸術であり、音楽こそが直接芸術だと主張したのは、かのベートーヴェンでした。すなわち、芸術とは天国への送魂術なのです。

拙著『唯葬論』の「芸術論」にも書きましたが、わたしは、葬儀こそは芸術そのものだと考えています。なぜなら葬儀とは、人間の魂を天国に送る「送儀」に他ならないからです。人間の魂を天国に導く芸術の本質そのものなのです。「おくりびと」で描かれた納棺師という存在は、真の意味での芸術家です。そして、送儀＝葬儀こそが真の直接芸術になりえるのです。

「遊び」には芸術本来の意味がありますが、古代の日本には「遊部《あそびべ》」という職業集団がいました。これは天皇の葬儀に携わる人々でした。やはり、「遊び」と「芸術」と「葬儀」は分かちがたく結びついているのです。

「おくりびと」は、葬儀が人間の魂を天国に送る「送儀」であることを宣言した作品です。人間の魂を天国に導くという芸術の本質を実現する「おくりびと」。送儀＝葬儀こそが真の直接芸術になりうることを「おくりびと」は示してくれました。わたしは、そのように考えています。

さて、「おくりびと」の原案とされているのが青木新門氏の小説『納棺夫日記』（文春文庫）です。「おくりびと」が公開される一六年も前に俳優の本木雅弘氏がこの本を読んで感動し、ずっと映画化の構想を温めていたとか。著者の青木氏は、富山にある冠婚葬祭互助会の葬祭部門に就職し、遺体を棺に納める「納棺夫」として多くの故人を送られてきました。ちなみに「納棺夫」とは青木氏の造語で、現在は「納棺師」と呼ばれています。

死をケガレとしてとらえる周囲の人々からの偏見の目に怒りと悲しみをおぼえながら、青木氏は淡々と「おくりびと」としての仕事を重ね、こう記します。

「毎日、毎日、死者ばかり見ていると、死者は静かで美しく見えてくる。それに反して、死を恐れ、恐る恐る覗き込む生者たちの醜悪さばかりが気になるようになってきた。驚き、恐れ、悲しみ、憂い、怒り、などが錯綜するどろどろとした生者の視線が、湯灌をしていると背中に感じられるのである」

まるで宇宙空間から地球をながめた宇宙飛行士のように、著者は視点を移動して「死」を見つめているのです。「生」にだけ立脚して、いくら「死」のことを思いめぐらしても、それは生の延長思考でしかありません。また人が死の世界を語っても、「それは推論か仮説でしかないであろう」と青木氏は述べます。納棺という営みを通じたからこそ、「生」に身を置きながらも「死」を理解できたのでしょう。そこからは、「詩」が生まれます。作家の吉村昭氏が「人の死に絶えず接している人には、詩心がうまれ、哲学が身につく」と序文に書いていますが、まさに至言です。『納棺夫日記』は、「死」という未来をもつ者が読むべき一篇の美しい「詩」のような本です。

それにしても悲しいのは、「死」をタブーとするあまりに生まれるもの、「葬」にたずさわる人々への差別と偏見です。青木氏は、こう書かれています。

「職業に貴賤はない。いくらそう思っても、死そのものをタブー視する現実があるかぎり、納棺夫や火葬夫は、無残である」「昔、河原乞食と蔑まれていた芸能の世界が、今日では花形になっている。士農工商と言われていた時代の商が、政治をも操る経済界となっている。そんなに向上しなくても、あらゆる努力で少なくとも社会から白い眼で見られない程度の職業にできないものだろうか」「恐らく葬送という行為は、今後も人類があるかぎり、形が変わっても続いてゆくだろう。そうであるなら何とかすべきである」「自分の父や母が、日ごろ白い眼で見られている者の世話になって人生の最後を締めくくるのも、おかしな話である」

まったく、同感です。アカデミー賞受賞で何よりも嬉しかったのは、日本の片田舎でひっそりと生きている納棺師というこの上なく地味な職業の物語が、ハリウッドでのアカデミー賞授賞式という世界一華やかな場面で評価を受けたことです。もうひとつ嬉しかったことは、「日本文化としての葬儀の素晴らしさ」を世界中の多くの識者が認めてくれたこと。葬儀は、まさに「クール・ジャパン」でした。あの快挙で、葬祭業という職業が、青木氏が夢見た「少なくとも社会から白い眼で見られない」職業へと大きく前進したと思います。

差別から平等へ。わたしたちは、何としても「平等」を獲得しなくてはなりません。そして、人間に与えられた最大の平等とは「死」だということに気づきます。「生」は平等ではありません。生まれつき健康な人、ハンディキャップを持つ人、裕福な人、貧しい人……「生」は差別に満ち満ちています。しかし、王様でも富豪でも庶民でもホームレスでも、「死」だけは平等に訪れるのです。こんなすごい平等が他にあるでしょうか！

まさしく、死は最大の平等です。冠婚葬祭業を営むわが社では「結婚は最高の平和である」と並び、「死は最大の平等である」というスローガンを掲げています。

青木氏は、『納棺夫日記』の続編となる『それからの納棺夫日記』（法蔵館）も書かれています。その序では、『納棺夫日記』を映画化したいという本木雅弘氏に対して、映画「おくりびと」の製作を許可しながらも「原作者」との表示を頑なに拒んだ青木氏の考えが述べられています。最初に「仮題『納棺夫日記』」と表題に書かれたシナリオの初稿を読んだときの感想を、青木氏は次のように述べます。

「読み始めて私はがっかりした。そのシナリオは納棺という職業に焦点が当てられて書かれていた。確かに『納棺夫日記』には納棺の現場が描かれている。しかしそれは、私にとっては目指すテーマのイントロに過ぎなかった。その後半の六割は、親鸞の思想を借りて宗教のことを取り上げたつもりであった。その部分が完全にカットされていた」

つまり、青木氏が最も思いを込めて書いた宗教に関する部分が完全に削除されていたというのです。青木氏は「死の実相を知るということは、必然的に宗教を知ることになり、そして、人は死んだらどうなるのか、仏教のいう往生とはどういうことなのか、そのことを知った時初めて人は安心して生きていけるものだ」と言いたかったそうです。そして、「死を恐れ、死に対して嫌悪感を抱いていては死者に優しく接することなどできないということ。すなわち生死を超えて対処しなければ、納棺夫の仕事は務まらないということ」を体験で学んだ青木氏は、そのことを同書で書いたつもりだったのです。その思いが届かないことを知り、青木氏は映画「おくりびと」の原作者であることを拒否したわけです。

あれだけの超話題作の原作者という立場を自ら拒絶した青木氏の信念には感銘を受けますが、氏は同書で次のようにも告白されています。

「私が著作権を放棄してでも原作者であることを辞退したのは、納棺の現場で死者たちに導かれるようにして出遭った仏教の真実が消されていることへの反抗でもあった。しかし今になって思えば、眼に見えない世界を映像化して眼に見えるようにするには、方便を用いるしかないわけで、私の言い分には無理があった」

これは、映画公開後の青木氏の偽らざる心情でしょう。たしかに、「おくりびと」という映画で親鸞の宗教を描くことには無理がありました。たとえ、それを織り込んだとしても、単なる宗教映画として、世界の注目を浴びることはなかったと思います。なによりも、あの映画がアカデミー賞を受賞した最大の理由は、主演の本木氏の所作の美しさにあったと、わたしは思っています。彼の指の動きは、茶の湯や生け花などの道を究める芸術家のようでした。まさに、「おくりびと」という映画は「眼に見える」部分で評価された作品であると言えるのではないでしょうか。

孤独死した人々へのやさしいまなざし

『おみおくりの作法』

2013年
英伊合作

身寄りのない人の葬儀を行う地方公務員が主人公。心を込めて死者を弔う孤独な男の生きざまを描く。恋人ができ掛けた彼の人生に、突如としてふりかかる運命、そしてさらなる……人生の最期にまつわる切ない物語。

この「葬儀」を正面からテーマにしたイギリス・イタリア合作映画には、驚くべき結末が用意されています。その感動のラストについて書きたいのは山々なのですが、ネタバレになるので、それはできません。ともかく、主人公であるジョン・メイの誠実な生き方が心に沁みます。

彼は孤独死した身寄りのない人を弔う仕事を誠実に取り組んでいる四四歳の民生係です。彼自身もまた孤独な人生を送っており、家族がいません。映画の途中では、一瞬、彼の幸福な未来がイメージされる場面が登場します。

そのジョン・メイですが、孤独死のお世話をするという仕事をしながらも、豊かな教養の持ち主として描かれていました。クロスワード・パズルなど、彼に解けない問題はありません。そんな該博な知識を誇る彼が他人の「死」と向かい合い続けているという事実に、わたしは「死生観は究極の教養である」という持論を改めて再認識しました。

ジョン・メイは、孤独死した人々の人生に想いを馳せます。

彼らが孤独死した部屋を訪れ、残された写真などから彼らの人生を辿ります。写真こそは死者の生き様を知る上での唯一無二のメディアなのです。もともと、写真とは「死者と再会したい」という人間の想いが生んだメディアであると思います。

ちなみに、すべての人物写真は遺影です。たとえ生きている人を撮影した写真であっても、それは将来必ず、遺影となります。なぜなら、死なない人はいないからです。写真とは徹底して「死」と結びついたメディアであり、葬儀の際に遺影を飾るのはあまりにも当然と言えるでしょう。

ジョン・メイは、写真をはじめとしたわずかな手がかりをもとに、死者の身内や知人を訪ねます。そして、「ぜひ葬儀に参列してあげてほしい」と頼み込むのです。彼は一つの案件が終了すると、ノートに「調査終了」と書き込みます。それを見て、彼の仕事は基本的に探偵なのだなと気づきました。探偵は、依頼人のこれまでの人生や、死体が生きていた頃の様子などについて推理を働かせます。ジョン・メイの仕事もまったく同じでした。

探偵といえば、コナン・ドイルの『シャーロック・ホームズ』に登場する名探偵が思い浮かびます。ちなみに、ホームズは降霊会が流行するロンドンの霧の中から生まれました。

シャーロック・ホームズには独特の推論形式があります。ホームズは、やってきたクライアントの話を聞く前に、その人物の職業や来歴をぴたりと言い当てます。

この映画にも、「あなたは家庭教師をしていて、教え子は八歳の男の子ですね」と的中させるシーンが出てきます。これは、どういう服を着ているかとか、その服のどこにインクの染みがあり、顔のどこに傷がついているかとか、具体的なデータを読んでいるわけです。そのような細部の情報を組み合わせて、ホームズはその人のパーソナル・ヒストリーを想像の中で構成しています。思想家の内田樹氏は『邪悪なものの鎮め方』（文春文庫）において、探偵の仕事について鋭く分析し、次のように指摘しています。

「探偵は一見して簡単に見える事件が、被害者と容疑者を長い宿命的な絆で結びつけていた複雑な事件であったことを明らかにする。読者たちはその鮮やかな推理からある種のカタルシスを感じる。それは探偵がそこで死んだ人が、どのようにしてこの場に至ったのかについて、長い物語を辛抱づよく語ってくれるからである。その人がこれまでどんな人生を送ってきたのか、どのような経歴を重ねてきたのか、どのような事情から、他ならぬこの場で、他ならぬこの人物と遭遇することになったのか。それを解き明かしていく作業が推理小説のクライマックスになるわけだが、これはほとんど葬送儀礼と変わらない。」

「探偵の仕事は葬送儀礼と同じ」という考えには、つねに葬儀の意味を考え続けているわたしも膝を打ちました。内田氏は、さらに次のように書きます。

「死者について、その死者がなぜこの死にいたったのかということを細大漏らさず物語として再構築する。それが喪の儀礼において服喪者に求められる仕事である。私たちが古典的なタイプの殺人事件と名探偵による推理を繰り返し読んで倦まないのは、そのようにして事件が解決されるプロセスそのものが同時に死者に対する喪の儀礼として機能していることを直感しているからなのである。」

わたしは、この内田氏の文章を読んだとき、「行旅死亡人」と呼ばれる人々のことを思い浮かべました。氏名も職業も住所もわからない行き倒れの死者たちです。いわゆる「無縁死」で亡くなる人々です。そんな死者が、日本に年間三万二〇〇〇人もいるといいます。明日、自宅の近くの路上にそんな死者が倒れている可能性がないとは言えません。その人が何者で、どのような人生を歩んできたのか。それを、みんなで推理しなければならないのが「無縁社会」です。

わたしたちは、「一億総シャーロック・ホームズ」の時代を生きているのかもしれません。そして、「おみおくりの作法」こそは「探偵の仕事は葬送儀礼と同じ」という真実を見事に示した映画と言えるでしょう。

ジョン・メイは、孤独死した故人の葬儀にたった一人で参列し続けました。彼は仕事の範疇を超えて、多くの死者たちを見送ります。

葬儀で流す音楽を選び、自ら故人のための弔辞を書きます。どんな社会的弱者であっても、生きている者が相手なら、いつかは感謝の言葉を与えられるかもしれません。社会的に大きな称賛を浴びる可能性だってあります。

でも、孤独死した死者に尽くす生き方には、何の見返りもありません。これこそ真の隠徳というものでしょう。そして、映画のラストでジョン・メイの陰徳は無駄ではなかったことが示されるのでした。

この映画の最大のテーマは「葬儀とはいったい誰のものなのか」という問いです。

死者のためか、残された者のためか。

ジョン・メイの上司は「死者の想いなどというものはないのだから、葬儀は残されたものが悲しみを癒すためのもの」と断言します。わたしは、多くの著書で述べてきたように、葬儀とは死者のためのものであり、同時に残された愛する人を亡くした人のためのものであると思います。

何が人間にとって本当に必要か

『遺体　明日への十日間』

2012年
日本

2011年の東日本大震災で被災した岩手県釜石市の遺体安置所を題材としたヒューマンドラマ。葬儀関係の仕事をしていた主人公を中心に、遺体を家族のもとに帰そうと奮闘する遺体安置所の人々の姿を映し出す。


石井光太氏が書いた壮絶なるルポルタージュ『遺体』（新潮社）を映画化した作品です。

舞台は、東日本大震災で被災した岩手県釜石市の遺体安置所。定年まで葬儀の仕事をしていた相葉常夫（西田敏行）が主人公です。

この映画にはグリーフケアの原点があります。そして、もうひとつ、スピリチュアルケアの原点も描かれています。葬儀の仕事をしていた相葉は、遺族の魂に対してのグリーフケア、死者の魂に対してのスピリチュアルケアの両方を見事に行っていきます。

具体的には、「死体」ではなく、尊厳をもって「ご遺体」と言うこと。

死後硬直している遺体の筋肉をほぐして、元通りの姿勢に戻すこと。

まるで生きている人間を相手にするように、遺体に言葉をかけること。

遺体の死に顔をきれいにするために、丁寧に化粧をしてあげること。

遺体と対面した遺族に真摯に対応し、必ず思いやりのある言葉をかけること。

すべてが、冠婚葬祭業を営むわが社において普段から心がけていることに通じており、大変勉強になりました。特に言葉だけでなく、これらのケア作業の様子を映像に収めたことは、今後の葬儀業界にとって大きな教育的・資料的価値があるのではないでしょうか。

それにしても火葬場が停止しているのに、遺体が体育館に続々と運ばれる場面はあまりにも悲痛です。愛する家族を喪ったのに、遺体をビニールシートの上に寝かせて汚れた毛布で包むだけの状態という遺族の辛さは想像するに余りあります。それから、市の女性職員の思いつきで簡易な祭壇が設けられ、線香が用意されます。続いて、僧侶が現れて、お経を唱えます。それは法華経でしたが、その読経でどれほど多くの死者と生者が救われたことか！

この場面ほど、宗教者の役割が見事に表現されたシーンはないでしょう。

そして、ついに棺が届き、物語は新展開を見えます。ようやく人間らしい葬儀が可能になった瞬間でした。じつは、わたしが理事を務める一般社団法人 全日本冠婚葬祭互助協会がこのとき大量の棺を現地に届けました。わたし自身、当時の広報・渉外委員長であり、社会貢献基金も担当していたので、いろいろと思い出があります。ですので、棺が現地に届いた場面を観たときは、熱いものが胸にこみ上げました。

あのとき、全互協のメンバーは本当に一致団結して、よく頑張りました。大量の棺を用意して下さった愛知冠婚葬祭互助会さん、それを群馬の倉庫で保管して下さったメモリードさん、その他の全国の互助会さんもみんな善意で動いて下さいました。この映画のエンドロールには、「協力」としてサンファミリー釜石典礼会館、「撮影協力」としてライフシステム日典ラサ中山といった被災地のセレモニーホールの名もクレジットされています。すべて、全互協の仲間たちです。わたしは、仲間たちを心から誇りに思います。

東日本大震災は未曾有の大災害でした。わたしは、この大災害で日本国民は「何が人間にとって本当に必要か」ということがわかったように思います。

電力・ガス・ガソリン・水・食・薬……これらは、すべて必要です。電話（携帯電話）やトイレットペーパー、紙オムツ、歯ブラシなどが不足しました。ホテルやコンビニが都市に欠かせない社会的インフラであることも証明されました。

そして、「葬式は必要！」ということも明らかになったような気がします。普通の火葬ができなかったとき、多くの人たちが葬儀の意味を痛感しました。ある意味で、民主党政権ではなくて国民自身が「事業仕分け」をしたのです。「この事業は絶対に必要」「これは、今のところ不要」という仕分けをしたのです。

今回、電力と並んで葬儀の必要性が見直されたように思えてなりません。いわゆる電力産業というのは、基幹産業を代表するものです。どこの地方でも、地元産業界のリーダーは電力会社です。原発事故の直後、電力業界のサムライたちは、自らの危険を顧みず、決死の覚悟で福島第一原発へと向かって行きました。わたしは、あのサムライたちに心からの敬意を捧げたいです。

そして、被災地で多数の御遺体と向き合い、多くの方々の「人間の尊厳」を守っている「おくりびと」たちにも心からの敬意を捧げたいと思いました。現地に派遣されたエンゼルメイクの方々は、ひとりで一日一〇〇体もの御遺体をきれいにしてあげたそうです。

この映画に、中学生の娘を津波で亡くした母親が登場します。深い悲しみの淵にある彼女は、何があっても、わが子の亡骸の傍らを離れようとしません。この母娘は、わが妻と次女の姿に重なって、わたしは涙が止まりませんでした。そして、ようやく秋田の火葬場に空きができて、娘の遺体が火葬されることになったとき、相葉ら安置所の人々に深々と一礼するのでした。

火葬にされた遺体は、まだ幸いだったと言えるでしょう。また、棺に入れた遺体も幸いでした。大震災から時間が経過するにつれ、あまりに傷みすぎて棺には入れられず、納体袋に入れられた遺体も多かったのです。さらには、いくら傷んでいても遺体があるだけで幸いでした。

遺体の見つからないまま葬儀を行った遺族も多かったのです。あのとき、普通に葬儀があげられることがどれほど幸せなことかを、日本人は思い知りました。

津波による死者の遺体は、かなりの損傷を受けていました。現地に派遣されたエンゼルメイクのスタッフたちは、その傷んだ遺体を一人ずつ丁寧に顔を拭き、体を洗い、亡骸を人間らしくしてあげたのです。彼らのことを思うだけで、今でも涙が出てきます。原発で放水作業をした消防隊員は「英雄」と称されましたが、被災地の「おくりびと」たちも本当に立派でした。わたしは、葬祭業は「こころの基幹産業」であると確信しています。

これほど悲惨な映画もないように思えますが、現実はもっと悲惨でした。スクリーンの中の遺体安置所はこの世の地獄のようにも思えますが、それでもまだ遺体はきれいに描かれていました。そして、何よりも映画は「匂い」が表現できません。本当は、遺体安置所で働いた人々はものすごい匂いの中にいたのです。わたしたちは、それを絶対に忘れてはなりません。

しかし、映画でリアルな遺体安置所を描けるはずもありません。またドキュメンタリーに近づくと、上映の機会が限られてしまいます。この映画の描写は、商業映画としてはギリギリの適切な表現であると思います。一人でも多くの日本人に観てほしい映画です。

「死ぬことを自分のものとしたい」

『蜩《ひぐらし》ノ記』

2014年
日本

直木賞作家の葉室麟のベストセラー小説を、小泉堯史監督が映画化。無実の罪で３年後に切腹を控える武士の監視を命じられた青年武士が、その崇高な生きざまを知り成長していく姿を師弟の絆や家族愛、夫婦愛を交えて描く。

この映画を観終わって、わたしは「ああ、久々に日本映画らしい作品を観たなあ」という思いがしました。故・黒澤明監督の愛弟子である小泉堯史監督の**「雨あがる」**（二〇〇〇）をはじめ、役所広司が好演した**「どら平太」**（二〇〇〇）、あるいは**「たそがれ清兵衛」**（〇二）といった数々の名画が心によみがえりました。

特に印象に残ったシーンがあります。堀北真希演じる戸田秋谷の娘・薫は、父と密通の疑いをかけられた尼僧に面会し、事実を確認します。その尼僧の名は松吟尼で、もとは藩主の側室でした。寺島しのぶ演じる松吟尼は、秋谷の潔白を明言しますが、「秋谷さまとは人の縁を感じました」とも述べます。

「人の縁とは何ですか？」と問う薫に対して、松吟尼は優しく答えます。「この世にはたくさんの人がいるけれど、縁のある方は一部です。縁のある方とは、自分が生きる上での支えとなる方です」と。この「縁のある人とは、生きる支えとなる人」という言葉には共感できました。

また、薫の弟である郁太郎は武士の子ですが、百姓の子である源吉と親友の関係にあります。心ない侍たちによって源吉がなぶり殺しにされたとき、郁太郎は復讐に燃えて、なんと首謀者である老中に一太刀浴びせるのでした。

このシーンは、死ぬ少し前の源吉が「絶対に忘れてはならないものは家族と友達だ」という場面が伏線となっています。

郁太郎は「友達を忘れない」と言った友の死を嘆き悲しみ、幼い身でありながら仇を討とうとするのです。わたしは、この場面を観ながら、現在はびこっている「友達申請」などという信じられないほど下らないものを連想していました。

フェイスブックで「友達申請」とやらがあるそうなのですが、驚くことに一度も会ったことのない相手を「友達」と認めることもあるとか。「馬鹿な！」と思わずにはいられません。

友達というのは、もしその相手が死んだら、葬式に参列して涙を流す関係でしょう。葬式はおろか、本人とろくな交流もないくせに何が「友達申請」ですか！（怒）

そういう浅はかな人たちは、ぜひこの映画を観てほしいと思います。ほんとに。

さて、この映画、ただ単純に「感動した」というだけでは済みませんでした。

江戸時代の物語ですが、無実の罪で切腹を命ぜられるなど、理不尽な点が多々見られ、とても不愉快な気分になりました。過酷な年貢に苦しむ百姓たちの苦しみも伝わってきます。ついには強訴や一揆の話題なども出てきます。

この映画には江戸時代ならではの美しいシーンも出てきました。寺子屋で、武士の子も百姓の子もともに『論語』の素読をしている場面です。この映画のメインテーマは『論語』の「義を見てせざるは勇なきなり」です。映画では主人公の秋谷が子どもたちに『論語』を教えていましたが、いつの日か、わたしも地域の子どもたちを集めて『論語』を教えたいです。

また、この映画を観て改めて感心したのは、日本人の儀式の美しさでした。切腹を前にして死を覚悟した秋谷は、娘の薫を庄三郎に嫁がせ、祝言を挙げます。また、息子の郁太郎の元服を済ませます。その祝言や元服のシーンが、なんというか涙が出るほど美しいのです。

日本には、茶の湯・生け花・能・歌舞伎・相撲といった、さまざまな伝統文化があります。そして、それらの伝統文化の根幹にはいずれも「儀式」というものが厳然として存在します。すなわち、儀式なくして文化はありえません。儀式とは「文化の核」と言えるでしょう。

結婚式ならびに葬儀に表れたわが国の儀式の源は、小笠原流礼法に代表される武家礼法に基づきますが、その武家礼法の源は『古事記』に代表される日本的よりどころです。すなわち、『古事記』に描かれたイザナギ、イザナミのめぐり会いに代表される陰陽両儀式のパターンこそ、室町時代以降、今日の日本的儀式の基調となって継承されてきました。わたしは、「縁」という目に見えないものを実体化して見えるようにするものこそ冠婚葬祭だと思います。

いま、「儀式とは文化の核」と言いました。儀式は冠婚葬祭だけではありません。この映画の大きなテーマとなっている切腹だって、立派な儀式です。じつはラストシーンは切腹の場面だとばかり思っていましたが、実際は切腹に向かう秋谷の後ろ姿しか映し出されませんでした。やはり、「血生臭い」切腹は、ハートフルな映画には似合わないのでしょうか。

しかし、この映画で最もわたしの心に響いたセリフは「死ぬことを自分のものとしたい」という秋谷の言葉でした。予告編には「日本人の美しき礼節と愛」を描いた映画という説明がなされ、最後は「残された人生、あなたならどう生きますか？」というナレーションが流れます。切腹を控えた日々を送る武士の物語ですが、ある意味で究極の「終活」映画と言えるでしょう。

武士道こそは「人生を修める」「死ぬことを自分のものとする」思想の体系でした。『葉隠』に「武士道といふは死ぬ事と見付けたり」とあるように、かつての武士たちは常に死を意識し、そこに美さえ見出しました。生への未練を断ち切って死に身に徹するとき、その武士は自由の境地に到達するといいます。そこでもはや、生に執着することもなければ、死を恐れることもなく、ただあるがままに自然体で行動することによって武士の本分を全うすることができ、公儀のためには私を滅して志を抱けたのです。

「武士道といふは死ぬ事」の一句は実は壮大な逆説であり、それは一般に誤解されているような、武士道とは死の道徳であるというような単純な意味ではありません。武士としての理想の生をいかにして実現するかを追求した、生の哲学の箴言なのです！

そして、わたしはその「生の哲学」を先の戦争で神風特別攻撃隊として散っていた若者たちの生き様にも強く感じます。特攻隊員は自ら死を望んだのではなく、軍部によって殺されただけではないかという意見もあろうかと思います。おそらくほとんどが死の前日に撮影されたであろう彼らの遺影には、一切を悟った禅僧のような清清しさがありました。

彼らは、決して犬死をしたのではなく、その死は武士の切腹であったと確信します。いくら長生きしても、だらだらと腐ったような人生を送る者も多いけれども、彼らは短い生を精一杯に生き、精一杯に死んでいったのではないでしょうか。

この映画を観終わったわたしの耳には、いつまでも「死ぬことを自分のものとしたい」という秋谷の声が残っていました。

樹木葬をイメージする戦争映画

『おかあさんの木』

2015年
日本

小学校の国語の教科書に長期にわたり掲載された、7人の子供を戦地に送り出した母の愛を描いた大川悦生の児童文学を基に映画化。貧しいながらも子供たちを育て、戦地へ行った彼らを待つ母親を、鈴木京香が好演。

戦後七〇年を記念して製作された作品で、日中戦争からはじまる太平洋戦争のため七人の息子たちが次々に兵隊に取られ、そのたびに桐の木を植えて息子たちの無事を願った母親の物語です。

この映画を観ている途中、わたしは何度もハンカチを濡らしました。やはり、我が子を亡くすことほど親にとって辛いことはありません。グリーフケアの世界では、我が子を亡くした悲しみが癒えるには一〇年の時間を要すると言われています。ましてや、七人もの子を失った悲しみは想像を絶していると思います。

この映画は一種の反戦映画のようにも見えますが、戦前の徴兵や「英霊」の顕彰システムをよく描いていると思いました。「死んでから英霊にされても仕方がない」という人がいることは知っていますが、それでも我が子が「犬死」ではなく「名誉の戦死」を遂げたのだというのは、やはり「癒し」の物語です。人は心を壊さないために物語を必要とするのです。

戦死者の供養の問題については、宗教学者の池上良正氏による『死者の救済史』（角川選書）が参考になります。「死者の救済」を考察する手がかりとして、池上氏は近世以降に特徴的な新たな展開として「死者の顕彰」を指摘し、「ここで顕彰とは、もはや『浮かばれない死者』を『安らかな死者』に変えるのではなく、すでに功なり名をとげた人物の生前の徳を称えるという行為をさす」と述べています。死者顕彰の汎用化が大規模に適用されたのが、近代国家の「戦死者」たちでした。「戦死者の祭祀と供養」について、池上氏は述べます。

「『顕彰』とはそれを誉め上げなければすまない、強固な社会集団の意志を背景にした行為である。顕彰を誇示し、あるいは誇示された顕彰を正当化する強い権威や権力が前提にあり、その権威や権力が高まることによって顕彰の信憑性も高まるという相乗的な関係がある」

映画のタイトルにもなっているように、ミツは「おかあさんの木」と呼ばれた七本の桐の木を植えます。それは子どもたちの無事な生還を願って植えたというよりは、やはり「墓代わり」という意識があったことは否定できないでしょう。ミツは、前もって子どもたちの名を冠した木を植え、それらに話しかけることによって、これから訪れる大きな悲しみの予防をしていたのです。

また、「おかあさんの木」は、そのまま「子どもたちの墓標」になりました。いま、石の墓の代わりに樹木を使う「樹木葬」が普及しています。石にせよ、木にせよ、生者は死者の魂が宿る依代を必要としているのだと思います。

この映画には、古き時代の冠婚葬祭のシーンも登場しました。一九一五年（大正四年）にミツが嫁入りしてきたときは、花嫁行列が行われました。また、ミツの夫が亡くなったときには葬式行列が行われました。花嫁行列と葬式行列、二つの行列を見ながら、わたしは「昔の冠婚葬祭は大変だったのだ」と改めて思いました。そして、儀式は大変なほうが良いとも思いました。そのほうが新郎新婦も、また遺族も覚悟を決めることができるからです。

今の結婚式も葬儀も簡便になりましたが、それで人々が幸せになったかというと逆のような気がします。特に、祝言の席での三三九度で思いを寄せていた相手と添うことができた喜びにミツが泣き出す場面は感動的で、わたしも貰い泣きしました。この名場面は、ブライダル事業に関わるすべての人々に観てほしいと思いました。そして、七人の子どもを残して、ミツは夫に先立たれます。考えてみれば、結婚式と葬儀の間に「夫婦」や「家族」の歴史があるのです。そんなことを、わたしはしみじみと思いました。

それから、長男の一郎をはじめとした息子たちが次々に戦死したとき、ミツのもとには故人の名を記した紙と盃だけで、遺骨も遺灰も帰ってきませんでした。ガダルカナル島で戦死した息子は現地の土が一緒に骨箱に入っていました。その悲しい場面を観て、わたしは「普通に遺体を前にして葬儀をあげることができるのは幸せなことなのだ」と改めて痛感しました。

あの東日本大震災の大津波のときもそうでしたが、戦争時も普通の葬儀をあげることができないのです。逆に言えば、普通に葬儀があげられる社会というのは平和な社会なのです。その意味で、遺骨も遺灰も火葬場に捨ててくるという「０葬」というものが、どれほど非人間的な行為であるかを日本人は思い知る必要があります。

この映画のキャッチコピーとなっている「おかあさんは、『おかえり』と言えたのでしょうか。」「子供たちは、『ただいま』と言えたのでしょうか。」という言葉は、じーんと胸に沁みました。現在、日本の家庭では「行ってきます」「行ってらっしゃい」「おかえり」「ただいま」と言っているでしょうか。「行ってきます」は、当人にとっては「今日も元気にがんばろう」という決意と「今日も無事でありますように」と祈る気持ちで我が家を出発する言葉です。「行ってらっしゃい」という送り出す側の言葉は「今日も元気で」で応援する気持ちと、「車や事故に気をつけて」と安全を祈る心の表現です。ですから、送り出した人が元気で帰宅することが家で待つ者にとっては一番気がかりなのです。交通事故の他にも、災害、犯罪、学校でのいじめなど、日常的に心身の危険にさらされている今日では、元気な「ただいま」の一言で、家族は安心するのです。そして、「お帰りなさい」の一言で、帰ってきた者もまたホッとし、外での苦しいこと、辛いことも癒されるのです。

わたしたちは、子どもにしっかりと「行ってらっしゃい」「おかえり」と言わなければなりません。そして、子どもの「ただいま」の声を聴いて、「おかえり」と言えることほど幸せなことはないのです。あの戦争では、多くの親たちが「おかえり」と言うことができませんでした。

イスラエル版「おくりびと」
『ハッピーエンドの選び方』

2014年
イスラエル・独合作

老人たちの最期の選択に迫るヒューマンドラマ。監督の実体験をベースに、命尽きる瞬間までポジティブに自分らしく生きようとする人々の姿を、ユーモアに描くおかしくもあり、切なくもある佳作。

この映画はイスラエル映画です。「イスラエル版『おくりびと』」と呼ばれています。「おくりびと」といえば、「おみおくりの作法」は「イギリス版『おくりびと』」と呼ばれました。日本版もイギリス版も「おくりびと」は葬儀の話でしたが、イスラエル版は安楽死の話でした。「認知症」や「安楽死」を題材とした作品だけに重苦しさはありましたが、時折のユーモアがほどよい感じに中和してくれました。イスラエルが舞台ということで、この映画の背景にはユダヤ教の宗教観がありました。すなわち、死は「帰天」という考え方です。一神教が根付いていない日本だと、このような死の描き方は難しいかもしれません。

この映画のメインテーマは、なんといっても「安楽死」です。わたしはどうも「死」や「葬」の専門家として見られているらしく、よく「一条さんは安楽死や尊厳死についてどう思われますか？」などと質問されることが多くあります。じつは尊厳死については肯定しているのですが、安楽死については今ひとつ割り切れない思いを抱いています。というのは、そこには人間をモノとみなし、死を操作の対象ととらえる思想が見え隠れするからです。

現代の医療テクノロジーの背景には、臓器移植に代表されるように人間を操作可能なモノとみなす生命観があるわけですが、そうした生命観は患者の側も共有しているといえるのではないでしょうか。現代の安楽死は、自らの命や身体は自分の意志で左右できる道具であるかのような価値観に根ざしており、わたしには違和感があります。

この映画には安楽死マシンが登場しますが、本当にそんなものが世間的に認知されたら、社会的に公開「姥捨て」が蔓延するのではないかという危惧もあります。老人を口減らしのために捨てるという「姥捨て」の話は、古代北欧のエッテクルッパの伝承をはじめ、ヨーロッパ・アメリカ・中国・アフリカなど、世界中に見られます。その真偽は置くとしても、「老い」を排除すべきであるという意識は汎文化的であると言ってよいでしょう。

また、安楽死マシンは「ポックリ信仰」も連想させます。自分自身や家族の穏やかな死を願うのがポックリ信仰ですが、その根底には介護を受けることは「家族に迷惑をかける」ことであり、「みじめ」なことであり、可能ならば避けたいという考えがあります。すなわち、ポックリ信仰とは「介護の否定」であり、「延命治療の否定」でもあるのです。日本には「ポックリ寺」なるものもあります。安楽死マシンを常備した施設が誕生すれば、真の「ポックリ寺」となるでしょう。

この映画は「終活」をテーマとした作品でもあります。日本人の寿命はついに男女とも八〇歳代を迎えました。仏教は「生老病死」をいかに考えるかを説いたものです。そして今、八〇年代を迎え、「老」と「死」の間が長くなっているといえます。長くなった「老」の時間をいかに過ごすか、自分らしい時間を送るか——そのための活動が「終活」です。

現在、世の中は大変な「終活ブーム」です。多くの犠牲者を出した東日本大震災の後、老若男女を問わず、「生が永遠ではないこと」を悟り、「人生の終わり」を考える機会が増えたようです。高まるブームの中で、気になることもあります。「終活」という言葉に違和感を抱いている方が多いことです。特に「終」の字が気に入らないという方に何人もお会いしました。

もともと「終活」という言葉は就職活動を意味する「就活」をもじったもので、「終末活動」の略語だとされています。ならば、わたしも「終末」という言葉には違和感を覚えてしまいます。死は終わりなどではなく、「命には続きがある」と信じているからです。そこで、わたしは「終末」の代わりに「修生」、「終活」の代わりに「修活」という言葉を提案しています。

「修生」とは文字通り、「人生を修める」という意味です。

考えてみれば、「就活」も「婚活」も広い意味での「修活」ではないかと思います。学生時代の自分を修めることが就活であり、独身時代の自分を修めることが婚活なのです。そして、人生の集大成としての「修生活動」があるのではないでしょうか。老いない人間、死なない人間はいません。死とは、人生を卒業することであり、葬儀とは「人生の卒業式」なのです。

生きる目的を探す不思議な三角関係

『世界の涯てに』

1996年
香港

不治の病に冒された娘と、彼女が恋する英国と香港の二人の青年の三角関係を描くラヴ・ロマンス。彼女は便利屋に死ぬ前にもう一度会いたい男性を探すことを依頼。スコットランドの地、“世界の涯て”というべき場所へ旅立つ。

香港映画「世界の涯てに」の原題は「天涯海角／Lost and Found」です。不治の病に冒された娘（ケリー）と、彼女が恋する英国人青年（テッド）と中国人青年（チェン）の三角関係を描くラヴ・ロマンスです。ヒロインはケリー・チャンが演じ、台湾生まれで、今やアジアを代表する俳優である金城武がチェンを演じました。

ケリーは行方不明になっていたテッドを探し当てますが、彼は住所をケリーに伝えて故郷に帰ります。そこはスコットランドの田舎で、テッドはB&Bのようなプチホテルを引き継いで経営していました。ケリーは「世界の涯て」と呼ばれるテッドの生まれ故郷の島に心惹かれます。テッドによれば、その島は墓だらけで、老人しか住んでいないといいます。若者がみな島を出てしまったからですが、島に戻る理由が二つだけあります。一つは「亡くなった親族を埋葬するため」であり、もう一つは「自分が死んで埋葬されるため」だとテッドは言います。

この言葉を聴いて、わたしは人間が生きる目的そのものを語っているように思えてきました。人間は、愛する者たちを弔うため、また自分自身が愛する者たちから弔われるために、この世に生を受け、この世を旅立って行くのではないでしょうか。拙著『唯葬論』で「葬儀は人類の存在基盤である」と訴えた、わたしとしては、そのように思えてなりません。

テッドの故郷の島は墓石がすべて海を向いており、空を見上げるように斜めに立っています。わたしは宇宙こそ人間の真の故郷であると考えていますので、空を見上げるような墓石は故郷を向いているのだと思います。

テッドは、一番大事なのは「ふるさと」であり、「ふるさとを忘れる人はいない」と、香港の港に停泊している船の中でケリーに告げるのでした。その話を聞いて「世界の涯て」に心を奪われたケリーは、病身でありながらテッドのもとに辿り着き、そこで生命の不思議・神秘を実感します。テッドは、ケリーに対して、「大自然はじつに素晴らしく、神秘に満ちあふれている。山にあるものはいつか海に至り、海にあるものはいつか山に戻る。その良い例がサケかもしれない。海で生まれたサケは必死に川を上って生まれ故郷に戻ってくる。傷だらけになって上りきると、その後、卵を産んで静かに死んでいく……」と話します。

ここまで話したテッドは、黙りこくっているケリーを見て、「ごめん、死ぬ話なんかしてしまって」と謝るのですが、逆にケリーにとっては死の不安を乗り越えるような話だったのです。彼女はテッドの話を聴いて、「命とは何か？」「若くして死を迎える自分がこの世に在ることの意味とは何か？」について考えるのでした。そして、ケリーはテッドに連れられて、ついに「世界の涯て」にやって来ます。そこは寒流と暖流が出合う奇跡の海でした。その瞬間は非常に神々しく、まさに大自然の神秘、偉大さを感じさせる感動的な光景でした。わたしは、この場面は皆既日食、あるいは結婚式に似ていると思いました。なぜなら、寒流と暖流の結婚、太陽と月の結婚、そして男と女の結婚……すべて、この世の陰陽のシンボル同士が合体する大いなる錬金術が実現する瞬間だからです。錬金術が行われる場面ほど、神秘の瞬間はありません。

どこまでも青い海、巨大な滝、深紅の夕日、月の砂漠、氷河、オーロラ、ダイヤモンドダスト……人間は圧倒的な大自然の絶景に触れると、自らの存在が小さく見えてきて、「死とは自然に還ることにすぎない」と実感できるのではないでしょうか。そして、大宇宙の摂理のようなものを悟り、死ぬことが怖くなくなるのではないでしょうか。

わたし自身、かつて訪れたミャンマーの宗教都市バガンに沈む大きな夕日を眺めながら「ああ、西方浄土だなあ」と思えて、非常に穏やかな気分になれました。映画「世界の涯て」に登場する大自然の神秘もケリーの死の恐怖を払拭する力を持っていたと思います。

この映画のラストシーンにはケリーの霊が登場して、自身の葬儀を見守っていました。ケリーの埋葬シーンと「おみおくりの作法」の主人公ジョン・メイの埋葬シーンは非常によく似ています。ただし、大きな違いが一つあります。

わたしは「本当はジョン・メイの霊を出すべきだ」と思ったのですが、もしかすると「世界の崖てに」を意識して、まったく同じラストになることを避けたのかもしれません。

あと、わたしはケリーの霊がチェンとテッドの間に入って集合写真に収まる場面を観て、胸が熱くなりました。ケリーは、生前心から愛した二人の男性に囲まれて人生を卒業したのです。なんという幸福な旅立ちでしょうか。チェンとテッドは、本来は恋敵なのですが、お互いに相手を尊重し合っていて、観ていて心が洗われるような思いがしました。

過去、これほど清々しい三角関係を描いた映画が存在したでしょうか？

残念ながら、わたしは寡聞にして知りません。

観る者に実存的不安を与える名作
『バニー・レークは行方不明』

1966年
アメリカ

ロンドンに越してきた女性の娘が行方不明になった。彼女は兄とともに娘を探すが、まったく手がかりがつかめない。捜査に乗り出した警部は、消えた娘というのは、彼女の妄想ではないかと疑い出す……。

映画評論家の町山智浩氏の名著『トラウマ映画館』（集英社文庫）で、この映画の存在をはじめて知りました。それ以来、ずっと観たかったのですが、日本ではビデオもＤＶＤも出ておらず、まさに「幻の映画」でした。それが、このたび、初めてＤＶＤ化されて発売されたのです。

この映画の原作はアメリカの女性作家イヴリン・パイパーによるパルプ小説なのですが、「パリ万博事件」という実際の事件をモチーフとしているそうです。それは次のような事件でした。

一八八九年、イギリス人の母娘がパリ万国博覧会を見物に来て、市内のホテルに宿泊しました。二人部屋を希望したのですが、あいにく満室だったため、母娘はそれぞれ一人部屋に泊まりました。翌朝、娘が母の部屋をのぞくと、そこには母の荷物はなく、人が泊まった形跡すらありませんでした。母親は忽然と姿を消したのです。娘は「母がいないわ！」と叫び、大騒ぎになります。

しかし、集まったホテルの従業員たちは、娘に向かって「お客様、あなたは一人でいらっしゃったんですよ」と告げるのです。このエピソードは実話とされており、アメリカでは有名だとか。ただ新聞記事などの証拠が確認できないため、「都市伝説」の一つと思われているとのこと。

事件の真相については、「パリ万博の消えた貴婦人と客室」というサイトに書かれている内容が詳しいです。この事件からは数え切れない小説、映画、TVドラマが生まれました。最も有名なのは、アルフレッド・ヒッチコック監督の**「バルカン超特急」**（三八）です。ヨーロッパを横断する列車内で、ヒロインが居眠りしている間に同室の貴婦人が消えます。目をさまして動揺するヒロインに対して乗務員や乗客たちは「そんな貴婦人など最初から見なかった」と言うのです。

また二一世紀の作品では、ジョディ・フォスター主演の**「フライトプラン」**（〇五）が思い浮かびます。ドイツからアメリカへ向かう飛行機の機内、母が眠っている間に幼い娘が消えてしまうのです。乗務員は「最初から一人で搭乗し、娘などいなかった」と言い、周囲にいた乗客たちは「憶えていない」と一同に言う。これは、「パリ万博事件」と母娘の役割が逆転しているわけです。

町山氏は、これらの映画について次のように述べています。

「これらの映画で、主人公たちは周囲から異常者扱いされ、そのためにかえって取り乱し、孤立し、自分でも自分が狂っているのかもしれないと思うほどに追い詰められていく。このカフカ的不条理ゆえに『消えた旅行者』の物語は人々を魅了してきた」

この「カフカ的不条理」とは、『トラウマ映画館』では紹介されていませんが、アンジェリーナ・ジョリーが主演した**「チェンジリング」**(〇八)にも通じるテーマです。「チェンジリング」は、いわゆる「取替え子」をテーマにしたスリラーですが、一九二〇年代のロサンゼルスで実際に起こった「ゴードン・ノースコット事件」を素材としています。わが子が明らかに他の子どもと入れ替わっているのに、警察はそれを絶対に認めず、逆に母親を異常者扱いする場面は恐怖そのものでした。いま思い出しても、本当に怖かった!

ネタバレになるので詳しい内容には触れません。一人の人間が本当に存在しているのか、最初から存在していなかったのか、それがわからなくなるという恐怖は半端ではありません。

この映画を観て、わたしが講演などでよく言及する「孤独葬」のことを連想しました。孤独葬とは、誰も参列者のいない葬儀のことです。そんな葬儀を見ると、わたしは本当に故人が気の毒で仕方がありません。亡くなられた方には家族もいたでしょうし、友人や仕事仲間もいたことでしょう。なのに、どうしてこの人は一人で旅立たなければならないのかと……。もちろん死ぬとき、誰だって一人で死んでゆきます。でも、誰にも見送られずに一人で旅立つのは、あまりにも寂しいではありませんか。故人のことを誰も記憶しなかったとしたら、その人は最初からこの世に存在しなかったのと同じでしょう。

この世に実在した人間を「いなかった」ことにするのは絶対に許されない行為です。わたしたちは、葬儀をあげることによって、故人を偲ぶのと同時に、「その人が確かにこの世に存在したこと」の証人になるのです。すべての葬儀の参列者は「歴史の生き証人」なのです。

コラム■ホラー映画について

●フリードキン監督が選ぶ一三本

何を隠そう、わたしは三度の飯よりも、ホラー映画が好きです。あらゆるジャンルのホラー映画のDVDやVHSをコレクションしていますが、特に心霊系のホラーを好みます。冠婚葬祭業の経営者が心霊ホラー好きなどというと、あらぬ誤解を受けるのではないかと心配した時期もありました。しかし、今では「死者との交流」というフレームの中で葬儀と同根のテーマだと思っています。

ホラー映画の金字塔である**「エクソシスト」**（七三）のウィリアム・フリードキン監督には、「見るたびに悪夢にうなされたような気分になれる」と太鼓判を押した作品が一三本あるそうです。彼がよく見る悪夢とは、「誰かが自分を殺そうと追いかけてくる」というリアルなものだとか。どうやら怖い映画のラインナップも、その悪夢を反映していそうですが、フリードキン監督は次のような作品を挙げています。

1. **「謎の下宿人」**（四四）ジョン・ブラーム監督
2. **「らせん階段」**（四六）ロバート・シオドマク監督
3. **「悪魔のような女」**（五五）アンリ＝ジョルジュ・クルーゾー監督

4．**「サイコ」**（六〇）アルフレッド・ヒッチコック監督
5．**「鬼婆」**（六四）新藤兼人監督
6．**「ローズマリーの赤ちゃん」**（六八）ロマン・ポランスキー監督
7．**「肉屋」**（七〇）クロード・シャブロル監督
8．**「悪魔のいけにえ」**（七四）トビー・フーパー監督
9＆10．**「サスペリア」**（七七）、**「サスペリア2」**（七五）ダリオ・アルジェント監督
11．**「エイリアン」**（七九）リドリー・スコット監督
12．**「ファニーゲーム」**（九七）ミヒャエル・ハネケ監督
13．**「THEM／ゼム」**（〇六）ダビッド・モロー＆グザビエ・パリュ監督

このラインナップを見ると、たしかに怖い映画が多いです。わたしは、どうしてもDVDが入手できない「謎の下宿人」を除いては全作品を観ました。中でも、「悪魔のような女」「サイコ」「ローズマリーの赤ちゃん」「サスペリア」１・２はやはり怖かった。もちろん、フリードキン自身が監督した「エクソシスト」には震え上がりました。
　それ以外では、三島由紀夫も評価した**「顔のない眼」**（五九）とか**「血を吸うカメラ」**（六〇）、**「回転」**（六一）、**「雨の午後の**

降霊祭」（六五）、**「ウィッカーマン」**（七三）、**「ピクニック・アット・ハンギングロック」**（七五）、**「シャイニング」**（八〇）などが個人的には忘れられません。

あと、オムニバス映画**「世にも怪奇な物語」**（六七）の第三話「死神の子守唄」も良かったです。フェデリコ・フェリーニ監督の作品です。比較的最近の作品では、**「シックス・センス」**（九九）や**「アザーズ」**（〇一）などの、ひねりを加えた心霊モノが好きです。

それにしても唯一の日本映画としてフリードキンに選ばれた「鬼婆」はすごいですね。「鬼婆」以外の日本映画では、中川信夫の**「東海道四谷怪談」**（五九）と**「地獄」**（六〇）がまず思い浮かびます。それに「雨の午後の降霊祭」をリメイクした黒沢清の**「降霊」**（〇一）が秀逸です。黒沢清では、**「CURE」**（九八）や**「回路」**（〇〇）もいい。落合正幸が監督して稲垣吾郎と菅野美穂が主演の**「催眠」**（九九）も良かったです。他に、Jホラーでは清水崇の**「呪怨」**（〇三）や**「輪廻」**（〇六）も怖かったですね。

●澁澤龍彦の「恐怖映画の誘い」

フリードキン監督以外で、わたしが信頼しているホラー映画の目利きが二人います。しかも、二人とも日本人です。

一人目は、八七年に亡くなった小説家・フランス文学者・評論家の澁澤龍彦です。『澁澤龍彦　映画論集成』（河出文庫）では、冒頭からいきなり「恐怖映画の誘い」というエッ

澁澤は、「スクリーンの上に生きて動き出すようになった吸血鬼も、フランケンシュタインも、狼男も、ゴジラのごとき巨大な怪獣も、すべて非合理的であるがゆえに現実的な、古くてしかも新しい、人類の強迫観念の視覚化にほかならなかった」と断じ、さらには「吸血鬼ドラキュラはなぜこわいのか？」という問いに対して、次のように答えます。

「この答えは簡単である。もっとも本質的な恐怖は死の恐怖だからである。ドラキュラは死んでも死にきれず、夜間、墓地から抜け出してきて、村人たちの血を吸う。死を忌むべきもの、危険なものと見なした古代人にとって、これ以上の恐怖は考えられなかったであろう。」

澁澤が一目置いたフランスの思想家ジョルジュ・バタイユは、「死者は、残されている者にとって危険なのである」と書きました。

さらにバタイユは、「もしも彼らが死者を埋葬しなければならないとすれば、それは死者を保護するためよりも、死の伝染性から彼ら自身が退避するためなのである」と述べています。

澁澤は、このバタイユの言葉を引用して、「このような信仰は、現在でも、わたしたちの潜在意識の奥底に残存しているのではなかろうか」と書いています。

たしかに、葬式が「村八分」の例外とされた原因を「死因が伝染病であった場合、埋葬しないと伝染するから」と見る意見があります。ちなみに葬式とともに「村八分」の例外とされた火事についても、「消化しないと隣家に燃え移るから」というのが原因だったという見方もあります。

しかしながら、わたしは、やはり「生者の命を救うこと」と「死者を弔うこと」の二つだけは村八分などを超えた人類普遍の「人の道」であったと思っているのですが……。

そして、かくも恐怖映画を愛した澁澤にとって、一番こわい映画とは何か。

それは、「吸血鬼ドラキュラ」でも「フランケンシュタイン」でも「エクソシスト」でもなく、中川信夫監督の「東海道四谷怪談」でした。

こういうところも、澁澤龍彦がなかなか油断できない人物であることを示しています。

●荒木登呂彦が選ぶ「ホラー映画二〇選」

澁澤龍彦に次ぐ日本人のホラー映画の目利きは、荒木登呂彦氏です。

荒木氏は、日本を代表する人気漫画家で、代表作『ジョジョの奇妙な冒険』（集英社）はコミックでシリーズ総計一〇〇巻以上という大作です。わたしも七〇巻近くは持ってはいるのですが、読む時間がなかなか取れません。正直言って、老後の楽しみとして書庫に置いてあるような現状です。

『荒木登呂彦の奇妙なホラー映画論』（集英社新書）は、ホラー映画には一家言あるという著者が一九七〇年代以降のモダンホラー映画について大いに語った偏愛的映画論です。

著者が最初にホラー映画の魅力に取り憑かれたのは、中学生時代に伝説的なホラー映画である「エクソシスト」を見てからでした。それ以来、著者は膨大な数のホラー映画を見続けてきたそうです。そんな荒木氏が選んだホラー映画の二〇選が以下のように紹介されています。

1. ゾンビ完全版（七八）
2. ジョーズ（七五）
3. ミザリー（九〇）
4. アイ・アム・レジェンド（〇七）
5. ナインスゲート（九九）
6. エイリアン（七九）
7. リング（TV版）（九五）
8. ミスト（〇七）
9. ファイナル・デスティネーション（二〇〇〇）
10. 悪魔のいけにえ（七四）
11. 脱出（七二）
12. ブロブ　宇宙からの不明物体（八八）
13. 28日後・・・（〇二）
14. バスケットケース（八二）
15. 愛がこわれるとき（九一）
16. ノーカントリー（〇七）
17. エクソシスト（七三）

18. **ファニー・ゲームU.S.A.**（〇七）
19. **ホステル**（〇五）
20. **クライモリ**（〇三）

いずれも、わたしも大いに恐怖した映画ばかりで、著者のセレクトに共感しました。また当然ながら、わたしが未見の映画も多くありました。本書を読んだ後で、映画のDVDをアマゾンで大量に注文してしまいました。

さて、荒木氏にとっての「ホラー映画」とは何か。「まえがき」で次のように述べています。

「当たり前と思われるかもしれませんが、人間の在り方を問うための良心作だったり、深い感動へ誘うための感涙作だったりというのは、結果としてそれがどんなに怖い映画であっても逆にホラー映画とは言えません。ひたすら『人を怖がらせる』ために作られていることがホラー映画の最低条件で、さらにはエンターテインメントでもあり、恐怖を通して人間の本質にまで踏み込んで描かれているような作品であれば、紛れもなく傑作と言えるでしょう。つまり『社会的なテーマや人間ドラマを描くためにホラー映画のテクニックを利用している』と感じさせる作品よりも、まず『怖がらせるための映画』であって、その中に怖がらせる要素として『社会的なテーマや人間ドラマを盛り込んでいる』作品。それこそがホラー映画だというわけです」

荒木氏によれば、肥満体の黒人少女の過酷な運命を描いた**「プレシャス」**（〇九）や、究極の障害者映画である**「エレファントマン」**（八〇）なども立派なホラー映画とのこと。著者は、「定義と言うよりも願望として、ホラー映画は何よりもまず恐怖を追求するものであってほしいです し、ホラー映画と認められるのはそういう作品なのです」と述べています。

また荒木氏は、「かわいい子にはホラー映画を見せよ」と訴えています。一般に人間は、かわいいもの、美しいもの、幸せで輝いているものを好みます。

しかし、世の中すべてがそういう美しいもので満たされているということはありません。むしろ、美しくないもののほうが多い。そのことを、人は成長しながら学んでいきます。

現実の世の中には、まだ幼い少年少女にとっては想像もできないほどの過酷な部分があるのです。それを体験して傷つきながら人は成長していくのかもしれません。つまり、現実の世界はきれい事だけではすまないことを誰でもいずれは学んでいかざるをえないのです。そして、そこでホラー映画が必要となるのです。荒木氏は、次のように述べています。

「世界のそういう醜く汚い部分をあらかじめ誇張された形で、しかも自分は安全な席に身を置いて見ることができるのがホラー映画だと僕は言いたいのです。もちろん暴力を描いたり、難病や家庭崩壊を描いたりする映画はいくらでもありますが、究極の恐怖である死でさえも難なく描いてみせる、登場人物たちにとって『もっとも不幸な映画』がホラー映画であると。だから少年少女が人生の醜い面、世界の汚い面に向き合うための予行演習として、これ以上の素材があるかと言えば絶対にありません。もちろん少年少女に限らず、この『予行演習』は大人にとってさえ有効でありうるはずです」

　要するに、恐怖を相対化できるようになることが人生において大事なのです。ホラー映画というのは、恐怖をフィクションとして楽しむことのカタルシスを教えてくれ、映画鑑賞をより実りあるものにしてくれるのです。さらには、「不幸を努力して乗り越えよう」といった、お行儀のいい建前ではなく、「死ぬ時は死ぬんだからさ」みたいなポンと肩を叩いてくれることで、かえって気が楽になることがあります。

　荒木氏によれば、そういう効果を発揮してくれるのがホラー映画だというのです。さらに、ホラー映画は、「癒し」という力さえ秘めています。荒木氏は、「あとがき」で述べています。
「『美しいもの』『楽しいもの』『清らかさ』といったテーマを描いた芸術行為・表現には、『美』の基本となるものが含まれています。あるいは、『正義』の心とか『幸福とはなんなのか?』といった、感覚的にわかる判断規準が内在しています。しかし、そうしたただ『美しい』『正しい』だけの作品には、決定的に『癒し』の要素が不足しているように僕は感じます」
　荒木氏が『荒木登呂彦の奇妙なホラー映画論』を執筆している最中に、東日本大震災が発生しました。日本人だけでなく、人間が過去に体験したことがないような極限の恐怖がそこにはありました。そんな状況下で、子どもたちの間に、テーブルを手で揺すって物を落としたり、庭で作った盛り土やおもちゃをバケツの水で流して、ふざけて遊んだりする行為が多く見られたそうです。つまり、子どもたちは「地震ごっこ」や「津波ごっこ」をしたわけです。

もし、自分の子どもがそういう遊びをしていたらどうするか。「こんな時に、そんな不謹慎なことをしてはいけない！」と叱るでしょうか。でも、著者の見方は違います。その「遊び」は子どもの心の中にある恐怖や不安を「癒す」ための本能的な防御行為ではないかというのです。

●ヒューマンドラマは究極のホラー映画

わたしは、この荒木氏の考え方に「はっ！」と気づかされました。そして、フランス映画の名作**「禁じられた遊び」**（五二）に出てくる第二次世界大戦下のフランスの子どもたちを連想しました。あの映画に登場した子どもたちは、小動物を殺しては埋葬して遊んでいました。

言うまでもなく、あれは不謹慎な遊びでした。でも、もしかしたら、彼らにとって生きていくために必要な遊びだったのかもしれません。「地震ごっこ」や「津波ごっこ」をする子どもたちに伝えるべきは、それらの遊びをやめさせることではなく、人の心の痛みを考えることかもしれないという荒木氏は、次のように述べます。

「恐怖映画は一見すると、暗くて不幸そうで、下品で、そのうえ変な音楽まで流れていてレベルが低そうであり、異様な雰囲気さえ持っています。しかしすぐれた恐怖映画は、きちんと観てみると精神の暗部をテーマにしていて挑戦的な映画とも言え、どの場面もカット編集や変更ができないほど脚本や演出も完璧なまでに計算構築されています。そして本当にすぐれた作品は何よりも、これが大事な要素なのですけれども、『癒される』のです」

そういった視点から考えてみれば、著者の言うように**「プレシャス」**や**「エレファントマン」**といったディープなヒューマンドラマが究極のホラー映画であり、それらがホラー映画であるがゆえに、この上なく「癒される」映画でもあることがわかってきました。

●良質のホラー映画を観るワケ

最後に、なぜ、わたしが心霊ホラー映画を好むのかについて述べたいと思います。

心霊ホラー映画には、当然のことながら、幽霊が登場します。そして、その幽霊は現世に恨みや悔いを残しているものが多い。本書でも多く紹介したジェントル・ゴースト・ストーリーの「優霊」たちにしても、この世に強い想いや未練を残していった者たちです。

ホラー映画に先立って、怪談というジャンルがあります。日本において怪談は「慰霊と鎮魂の文学」としての側面があります。怪談とは、残された人々の心を整理して癒すという「グリーフケア文学」でもあるのです。

東日本大震災の直後、被災地では幽霊の目撃談が相次ぎました。津波で多くの犠牲者を出した場所でタクシーの運転手が幽霊を乗車させたとか、深夜に三陸の海の上を無数の人間が歩いていたとかの噂が、津波の後に激増したというのです。

わたしは、被災地で霊的な現象が起きているというよりも、人間とは「幽霊を見るサル」であり、「死者を想うヒト」なのではないかと思いました。故人への思い、無念さが「幽霊」を作り出しているのではないでしょうか。幽霊の噂というのも一種のグリーフケアなのでしょう。夢枕・心霊写真・降霊会といったものも、グリーフケアにつながります。恐山のイタコや沖縄のユタも、まさにグリーフケア文化そのものです。そして、「怪談」こそは古代から存在するグリーフケアとしての文化装置ではないかと思えてなりません。怪談とは、物語の力で死者の霊を慰め、魂を鎮め、死別の悲しみを癒すこと。

ならば、葬儀もまったく同じ機能を持っていることに気づきます。人間の心にとって、「物語」は大きな力を持っています。わたしたちは、毎日のように受け入れがたい現実と向き合います。そのとき、物語の力を借りて、自分の心のかたちに合わせて現実を転換しているのかもしれません。つまり、物語というものがあれば、人間の心はある程度は安定するものなのです。

逆に、どんな物語にも収まらないような不安を抱えていると、心はいつもぐらぐらと揺れ動き、死別の場合であれば愛する人の死をいつまでも引きずっていかなければなりません。

仏教やキリスト教などの宗教は、大きな物語だと言えるでしょう。「人間が宗教に頼るのは、安心して死にたいからだ」と断言する者もいますが、たしかに強い信仰心の持ち主にとって、死の不安は小さいでしょう。中には、宗教を迷信として嫌う者もいます。でも面白いのは、そういった人に限って、幽霊話などを信じるケースが多いことです。

宗教が説く「あの世」は信じないけれども、幽霊の存在を信じるというのは、どういうことでしょうか。それは結局、人間の正体が肉体を超えた「たましい」であり、死後の世界があると信じることにほかなりません。宗教とは無関係に、霊魂や死後の世界を信じたいのです。幽霊話にすがりつくとは、そういうことなのでしょう。

死者が遠くに離れていくことをどうやって表現するかということが、葬儀の大切なポイントです。それをドラマ化して、物語とするために、葬儀というものはあるのです。たとえば、日本の葬儀の九割以上を占める仏式葬儀は、「成仏」という物語に支えられてきました。葬儀の癒しとは、つまるところ物語の癒しなのです。

葬儀で、そして怪談で、人類は物語の癒しによって「こころ」を守ってきたのです。

良質のホラー映画を観ることは、日常に亀裂を入れて生き生きと生きるためにも必要なことだと思います。怖い映画を観るたびに、わたしの想像力は刺激され、死後の世界を自然に連想することによって、死ぬのが怖くなくなっていきます。

Movie Guide for
people wanting to overcome death

第3章

悲しみを癒す

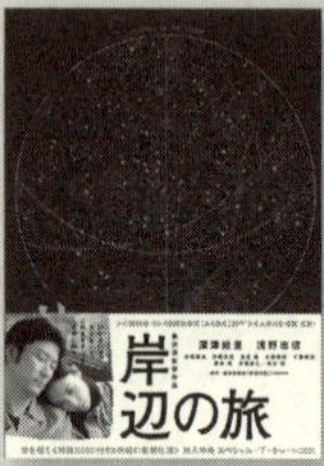

世界は「生者のような死者」と「死者のような生者」にあふれている

『岸辺の旅』

2015年
日本

人気作家・湯本香樹実が2010年に発表した小説を映画化。３年間行方をくらましていた夫がふいに帰宅し、離れ離れだった夫婦が空白の時間を取り戻すように旅に出るさまを黒沢清監督が温かい視点で描く。

「岸辺の旅」によって、黒沢清監督は第六八回カンヌ国際映画祭の「ある視点部門」で日本人初の〝監督賞〟を受賞しました。

三年間行方不明となっていた夫の優介（浅野忠信）が、ある日、ふいに妻の瑞希（深津絵里）のもとへ帰ってきます。優介が失踪してから帰宅するまでに関わってきた人々を訪ねる旅に瑞希を誘います。夫のいない空白の三年間をたどるように旅を続けるうちに、瑞希は彼への深い愛を再確認していきます。やがて優介が突然姿を現した理由、そして彼が瑞希に伝えたかったことが明らかになり、感動のラストを迎えるストーリーとなっています。

わたしは黒沢清の映画が大好きで、これまで全作品を観ています。彼は、かの黒澤明監督と並んで「世界のクロサワ」と呼ばれています。カンヌ・ベネチア、ベルリンなど数々の国際映画祭で賞を受賞し、海外から高い評価を得ているからです。第六一回カンヌ国際映画祭において、「ある視点部門」審査委員（ＪＵＲＹ賞）を受賞した**「トウキョウソナタ」**（〇八）などの芸術性の高い作品もありますが、彼の名声を高めたのは何といっても一連のディープなホラー映画です。**「ＣＵＲＥ」**（九七）から始まって、**「カリスマ」**（九九）、**「回路」**（二〇〇〇）、**「降霊」**（〇一）、**「ドッペルゲンガー」**（〇三）、**「ＬＯＦＴ」**（〇六）、**「叫」**（〇七）といった、人間の深層心理に刃物を突きつけ、始原の感情である恐怖をわしづかみにして取り出すような作品を作ってきました。

特に、わたしは「降霊」を高く評価しています。イギリス映画**「雨の午後の降霊祭」**（六四）をリメイクした「降霊」は日本映画史上で最も怖い映画であると思っています。その黒沢清監督の最新作である「岸辺の旅」も「降霊」と同じく心霊がテーマであり、ホラーの要素もあるのですが、それ以上にハートウオーミングなジェントル・ゴースト・ストーリーとなっています。そして、愛する人を亡くした人が、死別という事実を受容して、壊れかかった「こころ」を取り戻し、「悲しみ」を癒していくというグリーフケア・ストーリーとなっています。

ジェントル・ゴースト・ストーリーの名作**「黄泉がえり」**（〇三）を彷彿とさせますが、冒頭からいきなり死者が日常生活の中に登場します。深津絵里が扮するピアノ教師・瑞希のもとに、三年前に自殺している夫の優介がふらりと現れるのです。

それは亡き夫の生前の好物であった白玉を妻が作っていたときでした。死者である優介の出現に瑞希はさほど驚かず、「おかえりなさい」と言います。そして、二人は死後の優介の足跡をたどる旅に出て、かつて優介が交流した人々と再会します。中には生者だけでなく死者も混じっているのですが、彼らは生きているときと同じように行動します。普通に仕事をし、食事をし、睡眠し、物を動かしたりもします。

かつて心霊映画の名作である「シックス・センス」では、幽霊が物を動かさなくて済むように小道具を配置したとされていますが、この映画ではそんなことはまったくお構いなしです。その意味で、「岸辺の旅」は前代未聞の幽霊映画でした。

「岸辺の旅」は幽霊映画ですが、わたしはずっと葬儀のことを考えながら観ました。

「葬儀」と「幽霊」は基本的に相いれません。葬儀とは故人の霊魂を成仏させるために行う儀式です。葬儀によって、故人は一人前の「死者」となるのです。幽霊は死者ではありません。死者になり損ねた境界的存在です。つまり、葬儀の失敗から幽霊は誕生するわけです。優介は瑞希の前から姿を消して、そのまま行方不明者となってしまいました。それゆえに、妻は夫の死を知らず、その葬儀をあげることができなかったのです。

葬儀の失敗、あるいは葬儀を行わなかったことによって死者になり損ねた幽霊を、完全なる死者とするにはどうするか。そこで登場するのが、仏教説話でもおなじみの「供養」です。わたしは、供養とはあの世とこの世に橋をかける、死者と生者のコミュニケーションであると考えています。そして、供養においては、まず死者に、現状を理解させることが必要です。僧侶などの宗教者が「あなたは亡くなりましたよ」と死者に伝え、遺族をはじめとした生者が「わたしは元気ですから、心配しないでください。あなたのことは忘れませんよ」と死者に伝えることが供養の本質ではないでしょうか。

さて、この映画には何度も何度も満月が登場しました。満月と幽霊には深い関係があります。世界各地で、満月の夜は幽霊が見えやすいという話を聞きます。映画でも幽霊出現の場面では、必ず夜空には満月が上っています。おそらく、満月の光は天然のホログラフィー現象を起こすのでしょう。つまり、自然界に焼きつけられた残像や、目には見えないけれど存在している霊の姿を浮かび上がらせる力が、満月の光にはあるのではないでしょうか。

「死者への手紙」に託す想い

『ポプラの秋』

2015年
日本

湯本香樹実の小説を映画化。父を亡くした少女が、天国に手紙を送り届けるという老人と織り成す交流をつづっていく。監督は大森研一。全編ロケを敢行した飛騨高山の美しい風景もまた感動を呼ぶ。

「岸辺の旅」と同じく、湯本香樹実氏が原作の映画です。詳しく書くとネタバレになりますが、この映画には死者の視線はありません。あくまでも、生者から死者への視線です。

主人公である九歳の千秋（本田望結）は、大好きな父親を亡くしました。母つかさも、父のお葬式以来、放心状態が続いています。愛する人を亡くした喪失感の大きさに心身のバランスを失いかけているといった印象があります。まさに「グリーフケア」を必要としている人であると言えるでしょう。そんな二人は大きなポプラの木のある「ポプラ荘」というアパートに引っ越します。そこの大家であるおばあさん（中村玉緒）は、死者に手紙を届けることができるというので、千秋は亡き父への手紙を一生懸命に書き続けておばあさんに託します。

わたしは、「死者への手紙」から、古代エジプトの風習を連想しました。『古代エジプト死者からの声』大城道則著（河出書房新社）という本に以下のように書かれています。

「古代エジプト人たちの感覚として、この世で生きている者とあの世で生きている者（死した人物）との間には障壁はなかったのだ。手紙のやり取りさえできたのである。このようないわゆる『死者への手紙』と呼ばれる遺物は、古代エジプト人たちの墓から出土し、現時点で十数例が知られている」この死者へ手紙を送るという古代エジプト人たちの行為は、なんと千数百年にわたってエジプトの伝統として継続されたそうです。

「ポプラの秋」のおばあさんと千秋の世界は、まさに古代エジプト人たちの精神世界に通じています。しかも、その世界に身を置いたのは二人だけではありませんでした。千秋以外にも多くの人々がおばあさんに手紙を託していました。そのことを千秋は、おばあさんの葬儀の席で知ります。本当に多くの人々が、それぞれの亡き愛する者へ手紙を書いていました。

この映画には、大きな満月が夜空に浮かぶ場面があります。だいたい幽霊が登場する映画には必ずといっていいほど満月も登場します。「岸辺の旅」にも何度も満月のシーンがありました。

しかしながら、「ポプラの秋」の満月は特別でした。なぜなら、千秋が「お父さんは月にいるような気がします」と手紙に書くのです。そして、「そして、わたしはいつも泣きたくなります。だって、お父さんとウサギだけでさびしく月でくらしているように思うからです」と続けます。

古来より、世界各地で月は死者の住処とされてきました。まだ穢れていない少女である千秋はそれを知識としてではなく、本能で知っていたのかもしれません。

成仏するための作法

『想いのこし』

2014年
日本

岡本貴也の小説を、映画化したヒューマンコメディー。金と女に目がない青年が、ひょんなことから現世に未練を遺（のこ）した幽霊たちを成仏させようと奔走しながら騒動を巻き起こしていくさまを、涙と笑いを交えてつづる。


　わたしたちの周囲には、目には見えなくとも無数の死者がいます。「死者を忘れて、生者の幸福などありえない」が、わたしの口癖です。この映画も、いわゆる「ジェントル・ゴースト・ストーリー」と言えるでしょう。「優霊物語」とでも呼ぶべき怪談文芸のサブジャンルです。

　不慮の死で亡くなった人は、当然ながらこの世に「想い」を残します。この映画に登場する幽霊たちは、この世での「想いのこし」つまり未練が何らかの形で解決されないと成仏できません。たとえば、結婚式を目前に控えたルカという女性は、交通事故死したことにより、ずっとウエディング・ドレスを着て教会で結婚式を挙げる夢が叶いませんでした。彼女は、幽霊と接触できるガジロウ（岡田将生）の力を借りて、ある方法で婚約者と結婚式を挙げます。

　このシーン、馬鹿馬鹿しくも感動的でしたが、わたしは「ああ、実際に結婚式を挙げられるというのは、その日まで新郎新婦ともに生きてこれたという証でもあるんだなあ」としみじみ思いました。だから、人生最高の日に、自分を産んでくれ、育ててくれ、見守ってくれた両親に対する感謝の想いが強く湧いてきます。

また、広末涼子演じるシングルマザーのユウコは、小学生の息子をこの世に残したことが「想いのこし」となります。この映画でも描かれているように、結婚をはじめとして、恋愛、仕事……想いのこしの種はたくさんありますが、中でも子を残していく母親の想いのこしほど強いものはないでしょう。出産のとき、ほとんどの母親は「自分の命と引きかえにしてでも、この子を無事に産んでやりたい」と思います。実際、母親の命と引きかえに多くの新しい命が生まれました。産後の肥立ちが悪くて命を落とした母親も数えきれません。母親とは命がけで自分を産み、無条件の愛で育ててくれた人なのです。そして、死んだ後は霊的存在として子どもを見守るのが親というものではないでしょうか。ユウコはまさに「子どもの未来を見守る幽霊」でした。

それから、亡くなった母親のポールダンサーという仕事を「あんな仕事」と恥じていた少年に対して、ガジロウが「世の中には、いろんな仕事がある。そして、ポールダンサーは人を感動させる素晴らしい仕事だ」というメッセージを身を持って伝えた場面が、この映画のクライマックスになっています。わたしは、職業への誇りを訴えた感動的な場面を観ながら、日本映画の名作である「おくりびと」を連想しました。あの映画で「私の夫は納棺師です！」と胸を張って叫んだ主演女優こそ広末涼子だったのです。

「人生最高の映画」「心に残る名画」への違和感

『ニュー・シネマ・パラダイス』

1989年
伊仏合作

イタリアの名匠ジュゼッペ・トルナトーレによる、映画史に残る名作。イタリアのシチリアを舞台に、少年と映写技師が映画を通して心を通わせていく様を、感動的な音楽と繊細な人物描写で描き出す。

この映画は、八九年のカンヌ国際映画祭審査員特別賞および同年のアカデミー外国語映画賞を受賞しています。日本における初公開は、一九八九年一二月でした。東京・銀座四丁目にある「シネスイッチ銀座」で四〇週にわたって連続上映されました。わずか二〇〇席の劇場で動員数約二七万人、売上げ三億六九〇〇万円という驚くべき興行成績を収めました。この記録は、単一映画館における興行成績としては、現在に至るまで未だ破られていません。音楽をエンニオ・モリコーネが担当しており、映画音楽の歴史に残る名曲として知られています。

ストーリーを簡単に紹介すると、ローマに住む中年の映画監督であるサルヴァトーレ（ジャック・ペラン）は、アルフレード（フィリップ・ノワレ）という老人が死んだという知らせを受けます。アルフレードは、かつてシチリア島の小さな村にある映画館・パラダイス座で働く映写技師でした。

「トト」という愛称で呼ばれていた少年時代のサルヴァトーレ（サルヴァトーレ・カシオ）は大の映画好きで、母親の目を盗んではパラダイス座に通いつめていました。トトはやがて映写技師のアルフレードと心を通わせるようになり、ますます映画に魅せられていきます。アルフレードから映写技師の仕事も教わるようになったトトでしたが、映画フィルムの出火から火事になり、アルフレードは重い火傷を負った上に失明してしまいます。

その後、焼失したパラダイス座は「新パラダイス座」として再建。そこで少年トトは映写技師として働きます。思春期を迎えたトトは初恋を経験、それから兵役を経て成長し、ついには映画監督として活躍するようになりました。成功を収めた彼のもとにアルフレードの訃報が届き、映画に夢中だった少年時代を思い出しながら、トトは故郷のシチリアに三〇年ぶりに帰ってきます。

一九八九年当時、わたしは東京に住んでいましたが、映画館で鑑賞する機会に恵まれず、後にDVDで鑑賞しました。最近、映画館でのリバイバル上映鑑賞することができました。

ところで、じつに四半世紀を経て映画館で観た「ニュー・シネマ・パラダイス」ですが、もっと感動するかと思っていましたが、意外にも、それほど感動しませんでした。それどころか、今回は大きな違和感を覚えてしまいました。多くの人々が、「人生最高の映画」とか「心に残る名画」として、この映画の名を挙げているにもかかわらずです。かつてビデオやDVDで観たときには大きな感動を覚えたのに、自分でも心の変化に少し驚きました。

まず、わたしは主人公が三〇年も故郷に帰らなかったというのが納得いきませんでした。親類縁者が皆無というのならまだしも、故郷には年老いた母親が住んでおり、しかも彼女は息子の帰りをずっと待っていたのです。それでもサルヴァトーレが帰郷しなかったのは、アルフレード老人から「絶対に帰ってくるな」と言われていたからです。アルフレードは、サルヴァトーレの母親が息子を呼び戻そうとしたとき、彼女を叱ったそうです。

わたしは、サルヴァトーレの母親が可哀想で仕方がありませんでした。彼女は戦争未亡人なのですが、女手ひとつで苦労しながら二人の子どもを育て上げたのです。そんな母親を三〇年も放置しておくとは、わたしには到底理解できません。

「長い時間を置いてから帰れば、故郷はお前を温かく迎えてくれる」というアルフレードの言葉も気に入りません。たしかに映画監督としての名声を得たサルヴァトーレは故郷の人々から成功者として迎えられました。

しかし、故郷とは賞賛されるために帰る場所ではないでしょう。

第一、サルヴァトーレが映画の世界で成功することができたのも、母親やアルフレードや劇場で働く人々のおかげではないでしょうか。

サルヴァトーレは、「血縁」も「地縁」も捨てた人間です。そんな人間が大都会に出て、少しばかり成功したからといって何になるのでしょうか。わたしは、このような映画が日本で大ヒットを記録した一九八九年頃から「血縁」と「地縁」が日本で希薄化していき、「無縁社会」化の現象がはじまったような気がしてなりません。

さらに気になるのは、アルフレードが映写技師という仕事にさほどの誇りを抱いていないことです。彼は小学校も卒業しておらず、自分に学がないことに強いコンプレックスを持っていました。映写技師の職に就いたのはなりゆきで、「他にやろうとする人間がいなかったからだ」と語っています。それでも、少年トトには映写技師の仕事が魅力的に見えます。

「ぼくは映写技師になりたい」というトトに向かって、アルフレードは「やめたほうがいい。こんな孤独な仕事はない。たった一人ぼっちで一日を過ごす。同じ映画を一〇〇回も観る。仕方ないから、ついついグレタ・ガルボやタイロン・パワーに話しかけてしまう。夏は焼けるように暑いし、冬は凍えるほど寒い。こんな仕事に就くものじゃない」と言うのです。

わたしは、アルフレードという人物を気の毒に思いました。

なぜなら、彼は本当は素敵な仕事をしていたのに、自分でその価値や意味に気づかなかったからです。本当は、映画という芸術は、監督がいて、俳優がいて、カメラや照明や音響などのスタッフがいて、劇場の支配人がいて、切符売りの係がいて、そして映写技師がいて、その他にも大勢の人々がいて成り立っているのです。だから、「自分も映画産業を支えている一人なのだ」という自覚と誇りがあれば、アルフレードの人生はもっと豊かなものとなったでしょう。わたしはサン＝テグジュペリの『星の王子さま』（岩波文庫）に登場する街灯に灯をともす点灯夫のエピソードを連想しました。

アルフレードは不幸な火事を起こしてしまいます。それも彼自身の不注意によるものでした。自身も大きな障害を負ってしまいますが、彼はプロフェッショナルとしては失格でした。そして、その不幸の根底には、自分の職業に対するプライドの欠如があったように思えてなりません。

学校に行かずに新パラダイス座の映写技師を務めるようになったトトに向かって、アルフレードは「それはいけない。貧乏くじを引くぞ。学校には行ったほうがいい」と忠告する場面があります。アルフレードはまた、「人生は、おまえの観てきた映画よりもずっと困難だぞ」ともトトに忠告します。父親が戦死したトトにとって、アルフレードはまさに父親代わりでした。アルフレードも父親の心境で、非常に現実的なアドバイスをトトに与えたのでしょうが、そこには映画には描かれなかったアルフレード自身の不遇な人生が反映していたのだと思います。

いずれにしても、「故郷には帰ってくるな」というアドバイスだけはトトは従う必要はありませんでした。もし亡くなったのがアルフレードではなく、自分の母親だったら、どうするつもりだったのでしょうか。三〇年も会いに行かないまま母親の死に目にも間に合わなかったら、彼の人生は完全に不幸でしょう。

アルフレードの人生は火事による失明で一変しました。

じつは、火事の原因となる屋外の壁に映像を投影したとき、彼は助手のトトに向かって「目に見えるものしか信じられないからな」と言います。「目に見えるもの」とは「映画」そのものだったのでしょうが、興味深いことに失明してからのほうがアルフレードはよく見える人になりました。彼は「盲目でもよく見える」人になったのです。わたしは、この場面からも『星の王子さま』を連想しました。

「大切なものは目に見えない」というのが『星の王子さま』の最大のメッセージだからです。なんだか、トトを演じたサルヴァトーレ・カシオ少年が「星の王子さま」に見えてきました。いずれにせよ、ジュゼッペ・トルナトーレ監督は『星の王子さま』を意識していたように思います。きっと、「見えるもの」も「見えないもの」も素晴らしいというようなことが言いたかったのではないでしょうか。わたしには、そう思えました。

この映画のラストシーンは、あまりにも有名です。サルヴァトーレは、アルフレード老人の未亡人から形見としてフィルムを受け取ります。葬儀の後、ローマに戻ったサルヴァトーレは、試写室で老人の残したフィルムを鑑賞するのですが、それは、昔、映画館でカットしていたラブシーンを繋ぎ合わせたものでした。最後に、この映画には往年の名画がたくさん登場します。

ざっとタイトルを挙げても、**「どん底」**（三六）**「駅馬車」**（三九）**「揺れる大地」**（四八）**「チャップリンの拳闘」**（一九一五）**「にがい米」**（四八）**「白い酋長」**（五二）**「ジキル博士とハイド氏」**（四一）**「風と共に去りぬ」**（三九）**「掠奪された七人の花嫁」**（五四）**「青春群像」**（五三）**「ユリシーズ」**（六七）**「さすらい」**（六二）**「嘆きの天使」**（五九）**「街の灯」**（三一）**「白雪姫」**（三七）**「カサブランカ」**（四二）**「ロビンフッドの冒険」**（三八）**「素晴らしき哉、人生！」**（四六）**「夏の嵐」**（五四）。これらの名画をテレビやDVDなどではなく、映画館で観ることの僥倖を思ってしまいます。

タイムトラベル映画の新境地

『アバウトタイム〜愛おしい時間について〜』

2013年
イギリス

タイムトラベルの能力を持つ家系に生まれた青年。男性だけが持つその能力を使って女性との関係を進展させようと奮闘する中で、愛や幸せの本当の意味に気づいていく。

わたしは、これまでリチャード・カーティス監督の作品はすべて観てきました。

彼のファンというよりも、仕事の上での必要上です。というのも、「フォー・ウエディング」（九四）をはじめ、彼の作品にはすべて結婚式が登場するからです。舞台はもちろんイギリスですが、カーティス作品で描かれるハートウォーミングな結婚式は、世界中のブライダル・ビジネスに多大な影響を与えてきました。

この映画はいわゆるタイムトラベラーものです。主人公の家系（男性だけ）は時間をさかのぼることができます。わたしは自分がタイムトラベラーになったときの心境を想像しました。

日本が世界に誇るSFコミック『ドラえもん』には、ドラえもんとのび太がタイムマシンに乗って時間の流れの中を行く場面がよく登場します。彼らはどこか特定の時点を目的地とし、その時代にタイムトラベルするわけですが、自分ならどの時間を目指すか。

また例えば、わたしが車を運転していて人身事故を起こしたような場合は、確実に事故が起こる前の時点に帰りたいと思うでしょう。つまり、流れゆく時間の中でタイムトラベルの目的地とされるのは「事故」の直前といったケースが多いように思います。

「事故」というのは出来事です。それもマイナスの出来事です。でも流ゆく時間の中には、プラスの出来事もあります。その最大のものが結婚式ではないでしょうか？

考えてみれば、多くの人が動画として残したいと願う人生の場面の最たるものは結婚式および結婚披露宴ではないかと思います。なぜなら、それが「人生最高の良き日」だからです。

結婚式以外にも、初宮参り、七五三、成人式などは動画に残されます。それらの人生儀礼も、結婚式と同じくプラスの出来事だからです。

わたしは、人生儀礼とは季節のようなものだと思っています。

「ステーション」という英語の語源は「シーズン」から来ているそうです。人生とは一本の鉄道線路のようなもので、山あり谷あり、そしてその間にはいくつもの駅がある。季節というのは流れる時間に人間がピリオドを打ったものであり、鉄道の線路を時間に例えれば、駅はさまざまな季節ということになります。そして、儀式を意味する「セレモニー」も「シーズン」に通じます。七五三や成人式、そして結婚式とは人生の季節、人生の駅なのです。タイムトラベラーという「旅人」なら、「駅」を目指すのは当然でしょう。

ここで、忘れてはならないことがあります。最大の人生儀礼とは、葬儀であるということです。ずっと、幸福な結婚式を描いてきたカーティス監督は、この「アバウト・タイム」では主人公ティムの父親の葬儀を描きました。ティムは愛する父の死をどうしても受け入れられず、何度かタイムトラベルして生前の父に会いに行きます。わたしはすべての人間の文化の根底には「死者との交流」という目的があると考えています。そして、この映画で何度も生前の父親に会いに行く主人公の姿を見ながら、映画そのものが「死者との再会」という人類普遍の願いを実現するメディアでもあることに気づきました。

わたしは、この映画を観てケビン・コスナー主演の名作**「フィールド・オブ・ドリームス」**（八九）を連想しました。ともに主人公と亡き父親との魂の交流を感動的に描いているからです。一部の映画評論家は、アメリカ映画の本質とは父親を描くことにあると主張します。

しかし、この「アバウト・タイム」はイギリス映画です。どうやら、「父性への憧れ」というのはアメリカ映画ではなく「映画」そのものの本質なのかもしれません。そういえば、この映画全体を通じて、ティム自身が父親になることが最大のテーマになっています。そう、映画は「父性への憧れ」「不死への憧れ」「死者との再会への憧れ」から生まれたのです。

その意味では、「アバウト・タイム」ほど映画らしい映画はないのかもしれません。

家族の絆は別れ際にあり！を実感

『ファミリー・ツリー』

2011年
アメリカ

ハワイを舞台に、家族崩壊の危機に直面したある一家の再生のドラマ。ユーモアを交えながら、ハワイ文化を背景に、さまざまな要素が入り混じったドラマが共感を呼ぶ。ジョージ・クルーニーの新境地。

タイトルからもわかるように、この映画のテーマは「家族」です。

家族崩壊の危機に直面したある一家の再生のドラマが、ハワイを舞台に繰り広げられます。単なる「楽園」としてのハワイではなく、人々が生活する場所としてのハワイが魅力的に描かれています。そのハワイの独特の文化を背景に、さまざまな人々の「こころ」が交錯して、深みのあるドラマが展開していきます。

ジョージ・クルーニー演じる主人公のマットは、先祖からの広大な不動産を相続し、ハワイで弁護士として活躍しています。彼は妻と二人の娘と共にハワイで暮らしていましたが、ある日、妻がボートの事故に遭います。彼女はそのまま昏睡状態となってしまい、それをきっかけに、マットは妻が不倫をしていたという衝撃の事実を知ります。彼女は彼と離婚するつもりだったのです。そのことを長女や友人たちも知っていたことが判明し、マットは大きなショックを受けます。

不倫をしていた妻の意識が戻らないという設定は、ペ・ヨンジュンが主演した韓国映画**「四月の雪」**（〇五）を連想しました。でも、この「ファミリー・ツリー」は重いテーマを扱いながらも、所々にユーモアが散りばめられています。

この映画に関するレビューを見ると、ハワイの自然の美しさや独特の文化の素晴らしさを賞賛する声が大きいようです。しかし、そのハワイを舞台に描かれる物語は、不倫や家族との死別といった非常に深刻な問題が登場します。このへんは、映画の宣伝用コピーである「ハワイなら、最悪な出来事も、最高の人生に変えられる。きっと――。」に集約されるのでしょう。

わたしが最も興味の抱いたのは、ラスト近くに出て来る海洋葬のシーンです。ハワイの青い海に故人の遺灰が静かに撒かれる場面が美しく、荘厳に描かれていました。一般に海洋葬は「散骨」と呼ばれ、ハワイやオーストラリア、そして日本国内の海での海洋葬が実施されています。

海洋葬は樹木葬と並んで、「自然葬」の一種です。わが社では、墓の代用としての樹木葬だけではなく、新婚のカップルに桜の苗木をプレゼントして植えていただくというサービスも現在計画しています。結婚の記念に新郎新婦が桜の苗木を植え、「〇〇家の樹」というプレートをかけるというものです。それを毎年、春になると訪れるのですが、だんだん子どもができて、家族で花見をするわけです。もともと「ファミリー・ツリー(Family Tree)」とは、大地に根を張り、受け継がれる家族の系譜という意味なのです。

ピクサーのヒット作。葬儀で泣くということ
『インサイド・ヘッド』

2015年
アメリカ

田舎から都会への引っ越してきた11歳の少女が、環境が変化した彼女の頭の中で起こる、感情（喜び、怒り、嫌悪、恐れ、悲しみ）を表すキャラクターたちの混乱やぶつかり合いなどを描くディズニー／ピクサーによるアニメ。

この映画はピクサー・アニメーション・スタジオによって作られました。それにしても、ヨロコビ、カナシミ、イカリ、ビビリ、ムカムカといった五つの「感情」たちの表情の豊かなこと！ここまで人間の感情のメカニズムを「見える化」した映画は前代未聞であると思います。いやあ、フロイトもユングもアドラーもびっくりですね！

特に関心したのは、一般的にネガティブな感情として蔑まれている「カナシミ」に光を当てていることです。わが社の葬祭部門ではグリーフケア・サポートに取り組んでいますが、そこで痛感することは「きちんと悲しむこと」の大切さです。「インサイド・ヘッド」のラストでは、悲しみの感情が人々の心を結びつけてくれました。日本におけるグリーフケアの第一人者である髙木慶子氏は、著書『悲しんでいい』（NHK出版新書）で以下のように述べています。

「人間は支えあいながら生きていくものです。誰のまわりにも、支えてくれる人はかならず存在します。ほんとうに孤独な人なんかいないのです。孤独を感じてしまうのは、自分の心が殻に閉じこもり、まわりが見えなくなっているだけなのです。自分が心を開き、最初は手探りでもいいから、前に向かって歩いてみる。そうすれば、大切なものを失った悲しみの日々は、大切なものを見つけるための新しい明日につながります。その朝を迎えたとき、悲しみは希望に変わるのです――」

また、悲しみの感情は「涙」につながります。

冠婚葬祭というものは、とにかく涙がついて回ります。結婚披露宴での「花嫁の手紙」もそうですが、葬儀でも弔辞などの場面で泣くことは多いです。日本人は悲しみを我慢する傾向がありますが、わたしはもっと葬儀の場でも素直に泣いたほうがいいと思っています。近年、涙を流すことはストレスを奥深くから発散し、免疫力を強くすることが指摘されています。

さて、「インサイド・ヘッド」を観終わって、この映画の本当のテーマは「感情」ではなくて「記憶」であると思いました。上智大学名誉教授の渡部昇一先生との対談本『永遠の知的生活』（実業之日本社）では、「記憶の中にこそ、その人の人生がある」というご意見を渡部先生から伺い、大きな気づきを与えていただきました。同書で渡部先生とわたしは記憶を失わないための方策について語り合いました。わたしは、究極のエンディングノートをめざして製作プロデュースした『思い出ノート』（現代書林）の活用を提案しました。

「HISTORY（歴史）」とは、もともと「HIS（彼の）STORY（物語）」という意味だそうですが、すべての人には、その生涯において紡いできた物語があり、歴史があります。そして、それらは「思い出」と呼ばれます。自らの思い出が、そのまま後に残された人たちの思い出になる。そんな素敵な心のリレーを実現するノートになってくれればいいなと思います。「インサイド・ヘッド」には「思い出の貯蔵庫」という脳内の場所が登場しますが、『思い出ノート』はそれを本（ノート）の形にしたものなのです。

ハートフル・ファンタジーの力を再確認

『リトル・プリンス　星の王子さまと私』

2014年
フランス

「星の王子さま」のアニメ映画化。レベルの高い学校を目指し勉強漬けの日々を過ごす少女と、若いころ不時着した砂漠で出会った星の王子さまとの思い出を語る老飛行士の交流を、CGとストップモーションアニメで描く。

レベルの高い学校を目指し勉強漬けの日々を過ごす少女と、若いころ、不時着した砂漠で出会った星の王子さまとの思い出を語る老飛行士の交流を、CGアニメとストップモーションアニメを駆使して描いた作品です。

この映画を観て、わたしが感じたことが主に二つあります。一つは、この映画は「隣人」をテーマにした映画であるということです。主人公の孤独な少女は、隣人である老飛行士と心の交流をします。そして、老飛行士が孤独死しそうな状況の中で、彼の命を救います。

わたしが社長を務める会社は、孤独死を防ぐために「隣人祭り」という地域住人の食事会を行っています。その回数は、今や年間六〇〇回以上にも及んでいます。そして、その「隣人祭り」は、『星の王子さま』を書いたサン＝テグジュペリの祖国フランスではじまったのでした。

　また、この映画は「死者」への接し方をテーマにした映画でもあります。ネタバレにならないように注意して書くと、王子さまがかつて愛したバラのもとへ戻ってみると、バラはすでに枯れていました。王子さまの愛する相手は死んでしまっていたのです。しかし、王子さまは「わすれない」「おぼえておく」ことによって、愛する者は死なないといいます。そして、それこそがメインテーマである「本当に大切なものは目には見えない」に通じるというのです。

　わたしたちは死者とともに生きています。生者は、けっして死者のことを忘れてはなりません。死者を忘れて、生者の幸福などありえません。某宗教学者は「生きている人が死んでいる人に縛られるのっておかしいと思いませんか？」と発言しました。わたしは、彼の発言のほうがおかしいと思いました。なぜなら、生きている人間は死者から縛られるのではなく、逆に死者から支えられているからです。今の世の中、生きている人は、亡くなった人のことを忘れすぎています。死者を想うことによって、死者は死者ではなくなります。想う人の心の中で再び生を得るのです。

　わたしは、拙著『涙は世界で一番小さな海』（三五館）で、『人魚姫』『マッチ売りの少女』『青い鳥』『銀河鉄道の夜』『星の王子さま』の五つの物語は、じつは一つにつながっていたと述べました。ファンタジーの世界にアンデルセンは初めて「死」を持ち込みました。メーテルリンクや賢治は「死後」を持ち込みました。そして、サン＝テグジュペリは死後の「再会」を持ち込んだのです。一度、関係をもち、つながった人間同士は、たとえ死が二人を分かつことがあろうとも、必ず再会できるのだという希望が、そして祈りが、この物語には込められています。

わたしたちは、大切な人との再会の日までこの砂漠のような社会で生きてゆかなくてはなりません。ならば、砂漠に水をやり、きれいなバラを咲かせようではありませんか！

水がなくても大丈夫です。わたしたちが涙を流せばいいのです。悲しいとき、寂しいとき、辛いとき、他人の不幸に共感して同情したとき、感動したとき、そして心の底からの喜びを感じたとき、大いに涙を流せばいいのです。映画の主人公の少女も最後に涙を流しました。最初は忌むべき隣人でしかなかった老飛行士に馴染《なじ》んでしまったがゆえに涙を流しました。キツネも王子さまに馴染んでしまったために別れのときに涙を流しました。

その涙というものは、アンデルセンがいったように「世界で一番小さな海」なのです。わたしたちは、小さな海をつくることができるのです。そして、その小さな海は大きな海につながって、人類の心も深海でつながります。たとえ人類が、宗教や民族や国家によって、その心を分断されていても、いつかは深海において混ざり合うのです。

サン＝テグジュペリは、かつて世界中に恐怖を与えたナチスを痛烈に批判しました。

いま、ナチスに代わって、イスラム国が世界中に恐怖を与えています。そして、イスラム国はサン＝テグジュペリの祖国であるフランスの首都パリをテロ攻撃しました。フランスは国家として、イスラム国が事実上統治するシリアに対して報復の空爆を行いました。一方、パリの市民たちは街中に花とロウソクで飾って死者を追悼しました。武器ではなく花とロウソクを持ち出したところに、パリ市民の成熟度を感じました。

ハートフル・ファンタジーの作家たちは「死」や「死後」や「再会」を描いて、わたしたちの心の不安をやさしく溶かしてくれます。それと同時に、生きているときにはよい人間関係をつくることの大切さを説いているのではないでしょうか。誰かに共感する。誰かに同情する。誰かに気をくばる。そして、誰かを愛する……思いやりによって、人間関係の豊かさという大輪のバラをこの世界に咲かせようではありませんか！

男女の恋愛話だけがアニメの世界ではない『アナと雪の女王』

2013年
アメリカ

アンデルセンの童話「雪の女王」をヒントに、王家の姉妹が繰り広げる真実の愛を描いたディズニーミュージカル。美しい氷の世界のビジュアルや個性的なキャラクター、壮大な音楽など、ファンタジックな魅力に酔いしれる。

アンデルセンの童話「雪の女王」をヒントにしたディズニーアニメです。

正直言って、わたしは「今さら、ディズニーねぇ」と思っていました。この映画も松たか子の歌以外にはあまり関心がなかったのですが、ところがどっこい、鑑賞後は「やっぱり、ディズニーはすげえなあ！」と感心してしまいました。とにかく面白いのです。大人が観ても、まったく退屈しません。それもそのはず、この映画、ディズニー・アニメーション史上で最大のヒットを記録し、第八六回アカデミー賞でも主題歌賞、長編アニメーション賞の二冠に輝きました。

この映画が大成功した最大の理由は、ブロードウェイの一流スタッフ・キャストを起用したことにあります。これによって、大人も堪能できるミュージカルに仕上がりました。これまでも**「美女と野獣」「リトル・マーメイド」「ライオン・キング」**などミュージカル化されたディズニーアニメは多いですが、「アナと雪の女王」は、最初から最高のミュージカルとして作られたのです。また、この映画の大きな話題は、ディズニーアニメ初となる〝Wヒロイン〟です。もちろん、「雪の女王」となるエルサ、その妹のアナのことです。日本語吹き替え版では、松たか子がエルサを、神田沙也加がアナの声を担当しています。この二人がデュエットで「生まれてはじめて」を歌うのですが、なかなかの迫力でした。

しかしながら、映画での「Let It Go」には違和感もありました。というのも、この歌を歌うのが早過ぎる！　この歌、歌詞の内容を見ても「もう恐れや不安は忘れて、ありのままの自分を生きよう」という意味ですが、この歌を歌った後のエルサの生き方がまったく違うというか、恐れや不安を抱えたままなのです。

「Let It Go」は、もっとずっと後の場面で歌うべき歌だと思いました。

ネタバレにならないよう気をつけて書きますが、エルサには触れた途端にそのものを凍結させてしまう秘密の力があります。愛する相手でさえ触れてしまうと凍ってしまう。ましてや、抱き締めたりすれば、その途端に相手を死に至らしめてしまう。これは、相手を傷つけるために接触できなくなるという「ハリネズミのジレンマ」と同じです。最後はエルサは、この「ハリネズミのジレンマ」を乗り越え、自分の力をコントロールする術を体得します。そして、その力を善用することによって、みんなを幸せにすることもできるようになるのです。

わたしは、このラストを見て、まさに「禍転じて福となす」であり、ドラッカーの「強みを生かす」という思想にも通じていると思いました。そして、「Let It Go」という名曲はこのラストにこそ歌われるべき歌ではないでしょうか。

「Let It Go」を歌う場面の登場が早過ぎるだけでなく、じつはこの映画、ストーリーに性急なところが多々感じられました。何よりも、エルサがなぜそのような不思議な力を持つに至ったのかの説明がまったくありません。「雪の女王」の誕生秘話ならば、もっとそのあたりを丁寧に描いてほしかったですね。

また、アナが初対面の相手と結婚の約束をしたり、正義の味方と思われていた人物がじつは悪役だったという設定にも唐突で強引なものを感じました。

つまり、ストーリーの流れに自然さが感じられないのです。この映画はもともとミュージカルとして作られたわけですから、音楽さえ素晴らしければそれで良いのかもしれません。

それから、この映画ではディズニーアニメのお家芸である「王子様のキス」が否定されています。この点は非常に画期的であると思いました。「白雪姫」や「眠れる森の美女」は、死と再生の物語でした。死者となった姫は王子のキスによって再生を果たします。このお家芸を「アナと雪の女王」では完全否定しているのです。それはもう気持ちが良いぐらいに……。

この映画における最後の再生は「恋人のキス」ではなく「家族の愛」によるものでした。日本のアニメといえば、なんでもかんでも男女の色恋事が中心ですが、このワンパターンを打ち破ってくれた「アナと雪の女王」のスタッフに拍手を送りたいです。

最大のテーマは「夢」

『風立ちぬ』

2013年
日本

スタジオジブリの宮崎駿監督がゼロ戦の設計者・堀越二郎と作家の堀辰雄をモデルに、1930年代の日本で飛行機作りに情熱を傾けた青年の姿を描くアニメ。夢を抱く青年と少女との出会いと別れをやさしい視線で描きだす。

宮崎駿監督の引退作品です。スタジオジブリでの宮崎作品は、タイトルの中に接続語として「の」が入ることが慣例ですが、この「風立ちぬ」は宮崎監督のスタジオジブリ長編監督作品の中で「の」が一切入らない唯一の作品であり、これも大きな話題となりました。

なお、「風立ちぬ」というタイトルは堀辰雄の同名の小説に由来します。フランスの詩人であるポール・ヴァレリーの詩の一節を、堀辰雄が「風立ちぬ、いざ生きめやも」と訳したのです。翻訳史に残る名訳として知られます。

この作品は、もともと「モデルグラフィックス」（大日本絵画）の二〇〇九年四月号から二〇一〇年一月号まで連載された宮崎監督自身による漫画を映画化したものです。

大正から昭和にかけての日本が舞台ですが、戦争、大震災、世界恐慌による深刻な不景気など、非常に暗い時代でした。そんな中で、飛行機作りに情熱を傾けた青年・堀越二郎の人生を描きます。幼少の頃から飛行機に憧れていた二郎は、長じて航空機の設計者となります。彼はイタリア人飛行機製作者であるカブローニを尊敬し、夢の中でカブローニと飛行機談義を交すほどでした。そして、いつの日か自らの手で美しい飛行機を作り上げたいという夢を抱いていたのです。列車に乗っていた彼は、関東大震災に遭遇しますが、そのとき乗り合わせていた菜穂子という少女に出会います。数年後、避暑に訪れていた軽井沢のホテルで再会した二人は恋に落ちて、結婚の約束をします。ところが、菜穂子は結核に冒されていたのでした。菜穂子の励ましもあって、二郎はゼロ戦を生み出します。ところが、愛する二人の前には過酷な運命が待っていたのでした。

この映画の最大のテーマは「夢」ではないかと思います。

冒頭から少年時代の二郎が飛行機の夢をみるシーンからはじまります。その二郎は、実際に飛行機を作ることを夢みて、航空機の設計者になります。この「夢をみる」と「夢みる」を掛け合わせているところが、この映画が「夢」の映画である最大の所以です。

また、二郎の夢の中（カブローニの夢の中でもあるのですが）で、カブローニは「飛行機は美しい夢だ」と二郎に語ります。そう、飛行機とは夢そのもの。そして、「美しい飛行機を作りたい」という二郎の夢は叶い、ついに「三菱零式艦上戦闘機」すなわち「ゼロ戦」を開発します。

しかし、このゼロ戦はどのような悲劇を生んだか、わたしたち日本人はよく知っています。ゼロ戦は小回りがきき、当時では飛距離が桁外れでした。ただ、悲しいのは搭乗する人間のことがまったく考えられていなかったこと……。戦闘機という機械にのみ目を奪われていた大日本帝国は、兵士という人間に対する視点が決定的に欠けていたのでした。

もちろん、その責任が堀越二郎ひとりにあるなどと言う気はありません。ただ彼の飛行機作りへの夢が、いつしか人間の幸せと別の方向にあったことも事実だと思います。いつの世でも、強烈な夢は狂気を帯びます。

「飛行機は美しい夢だ」と語った後で、カプローニが「ただし、飛行機は呪われた夢でもある」と言い放った一言には重みがあります。

ゼロ戦の開発者をモデルに映画を作ったことについて、宮崎駿監督は映画版の企画書の中で次のように述べています。

「私達の主人公二郎が飛行機設計にたずさわった時代は、日本帝国が破滅にむかってつき進み、ついに崩壊する過程であった。しかし、この映画は戦争を糾弾しようというものではない。ゼロ戦の優秀さで日本の若者を鼓舞しようというものでもない。本当は民間機を作りたかったなどとかばう心算もない。

自分の夢に忠実にまっすぐ進んだ人物を描きたいのである。夢は狂気をはらむ、その毒もかくしてはならない。美しすぎるものへの憬れは、人生の罠でもある。美に傾く代償は少なくない。二郎はズタズタにひきさかれ、挫折し、設計者人生をたちきられる。それにもかかわらず、二郎は独創性と才能においてもっとも抜きんでていた人間である。それを描こうというのである」

実在した堀越二郎という人は、神風特攻隊でゼロ戦に搭乗して散っていった若者たちのことをどう思っていたのでしょうか。彼らに対して鎮魂や慰霊の心を抱いたのでしょうか。わたしは、そんなことを考えました。

この映画は、とにかく飛行機への愛に溢れています。もともと、宮崎駿監督の飛行に対する志向性はよく知られています。**「風の谷のナウシカ」**（八四）**「天空の城ラピュタ」**（八六）**「魔女の宅急便」**（八九）……主人公が空を飛ぶ物語のオンパレードです。**「紅の豚」**（九二）という飛行機乗りの作品もありました。

それにしても、この「風立ちぬ」ほど、ロマンティックな物語もないでしょう。宮崎駿という人が「筋金入りのロマンティスト」であることがよくわかります。

ロマンティシズムの最大の要素といえば「愛」と「死」ですが、この映画には両方の要素がたっぷりと詰まっています。「愛」といえば、二郎と菜穂子の純愛は、その劇的な出会いと再会、そして悲劇というべき別れが観衆の涙を誘います。

何よりも、わたしの胸を打ったのは急遽行われた二人の祝言のシーンでした。

二郎の上司である黒川とその妻が仲人を務めたのですが、本当に素朴で粗末で、健気で、心のこもった素晴らしい祝言でした。わたしは、この場面を観て泣けて仕方なかったです。そして、かねてからの持論である「仲人は必要！」「結婚式は必要！」という考えを再認識しました。

また「死」といえば、ヒロインの菜穂子が作中で亡くなります。ジブリの長編作品でヒロインが亡くなるのは非常に珍しいのですが、**『火垂るの墓』**（八八）で幼い節子が栄養失調で亡くなる演出以来だそうで、なんとジブリ史上二回目の例だとか。

そして、作中で描かれる関東大震災のリアルな描写が、大量死を観衆にイメージさせます。アニメで関東大震災が描かれたのは記憶になく、おそらくは初めてではないでしょうか。わたしは、「いずれ、東日本大震災の惨劇もアニメで描かれる日がくるのか……」と思いました。宮崎監督は東日本大震災後の日本人のためにこのシーンを演出したのかと推測しましたが、この映画の企画書は二〇一一年一月一〇日に書かれており、あくまでも偶然のようです。

コラム■SF映画について

●怪獣映画の思い出

わたしは、SF映画が好きです。

小学校の図書室でヴェルヌの『地底旅行』(創元SF文庫)、ウェルズの『タイムマシン』(同)、ドイルの『失われた世界』(同)を読んで以来のSFファンで、この三冊は今でもわが「三大名作SF」です。

SF映画で最初に観たのは怪獣映画でした。わたしが四歳か五歳ぐらいのときに、父が小倉の映画館で上映されていた大映の**「大怪獣空中戦 ガメラ対ギャオス」**(六七)に連れて行ってくれたのです。その後、同作品で監督を務められた湯浅憲明氏が、父が経営するサンレー東京の社員になられたときは驚きました。当時、六本木にあった事務所で大映ガメラ・シリーズのビデオ上映会を湯浅監督の解説付きで行った思い出があります。

「大怪獣空中戦 ガメラ対ギャオス」の洗礼を受けて、怪獣映画好きになったわたしは、少年時代に多くの怪獣映画を観ました。大映が倒産して大好きなガメラ映画を観ることはできなくなりましたが、「東宝チャンピオンまつり」のゴジラ映画をほとんど観ました。

大学生になってから、ビデオで**「キングコング」**(三三)や**「ゴジラ」**(五四)を観て、その幻想的な魅力に取りつかれました。この二作は観客の無意識に働きかける強い影響力を持った作品で、「キングコング」が上映された年に、作中に登場する首長竜が突如としてスコットランドのネス湖で目撃されました。今ではネッシーは「キングコング」から生まれた幻影であるという説は有名です。

「ゴジラ」も、日本人の心に多大なインパクトを与えました。わが書斎には、ゴジラの大型フィギュアが置いてありますが、五四年に製作された映画「ゴジラ」は怪獣映画の最高傑作などというより、世界の怪奇映画史に残る最も陰鬱で怖い映画だったと思います。それは、その後に作られた一連の「ゴジラ」シリーズや無数の怪獣映画などとは比較にもならない、人間の深層心理に訴える名作でした。ある心理学者によれば、原初の人類を一番悩ませていたのは、飢えでも戦争でもなく、「悪夢」だったそうです。「ゴジラ」の暗い画面と黒く巨大な怪獣は、まさに「悪夢」を造型化したものだったと言えるでしょう。

ゴジラ・シリーズ最新作である**「シン・ゴジラ」**（一六）は、東日本大震災を強くイメージさせる内容となっています。東日本大震災での福島第一原発事故の発端となったのは、同発電所の一号機の水素爆発でした。この「水素爆発」という言葉を聞いた瞬間に連想したのも、やはりゴジラでした。なにしろ、映画「ゴジラ」第一作のサブタイトルは「水爆大怪獣映画」だったのです。

この映画が作られた五四年という年は、日本のマグロ漁船である第五福竜丸が、ビキニ環礁でアメリカの水爆実験の犠牲になった年です。当時の日本人には、広島、長崎に落とされた原爆によって大量の放射能を浴びたという生々しい記憶がしっかりと刻まれていました。

ゴジラは、人間の水爆実験によって、放射能を自己強化のエキスとして巨大化した太古の恐竜という設定です。世界最初で唯一の被爆国である日本では、多くの観客が放射能怪獣という存在に異様なリアリティをおぼえ、震え上がりました。

そして、ゴジラの正体とは、東京の破壊者です。アメリカを代表する怪獣であるキングコングがニューヨークの破壊者なら、ゴジラは東京を蹂躙する破壊者なのです。

映画「ゴジラ」では、東京が炎に包まれ、自衛隊のサーチライトが虚しく照らされます。その光を浴びて、小山のような怪獣のシルエットが、ゆっくりとビル群の向こうに姿を現します。それはもう「怪獣」などというより、『旧約聖書』に出てくる破壊的な神そのものです。

海からやって来たゴジラは銀座をはじめとする東京の繁華街をのし歩き、次々に堅牢なビルが灰燼に帰してゆくのです。その後には、不気味なほどの静けさが漂っています。

でも、「ゴジラ」の怖さは、東京を破壊する怖さではありません。その怖さは、「核」そのもののメタファーであるゴジラが東京に近づいてくるという怖さなのです。怪談でいえば、幽霊が登場してからよりも、登場するまでの心理的なストレスこそが怖いのです。

「キングコング」や「ゴジラ」以外の怪獣映画では、**「ジュラシックパーク」**（九三）、**「クローバ**

ーフィールド」（〇八）、「パシフィック・リム」（一三）といったところが、怪獣映画の名作であると思います。

●SF映画で「人間」を考える

しかし、わたしにとってのSF映画とは、単なるエンターテインメントというよりも、物事の本質を考える見方を与えてくれる「哲学映画」としての要素が強いと言えるでしょう。わたしがSF映画を観て考えるテーマとは、「人間とは何か」「時間とは何か」「宇宙とは何か」です。

まず、「人間とは何か」ですが、これは「人間そのもの」を扱った映画というよりも、「人間以上」あるいは「人間以下」の異形の存在を扱った映画のほうが、より「人間」の本質を浮き彫りにできるような気がします。

いわゆるスーパーヒーロー・ムービー、超人映画というジャンルがありますが、わたしには子どもの頃に夢中になった漫画家の故・石ノ森章太郎が生み出した数多くのキャラクターたち、サイボーグ009、仮面ライダー、キカイダー、イナズマン、ロボット刑事Kなどがすぐ思い浮かびます。それらはサイボーグ、アンドロイド、ミュータントなど厳密には異なる存在でしたが、人間を超えた存在としてのパワーと悲しみが十分に表現されていました。

アメリカを代表する超人といえば、スーパーマンとバッドマンです。

二〇一六年に**「バットマン vs スーパーマン　ジャスティスの誕生」**が日本で公開されましたが、

全世界で最も有名な二大スーパーヒーローの対決と聞いて、男の子の血が騒ぎました。戦力は人間であるバットマンよりも宇宙人のスーパーマンのほうが明らかに上でしょうが、バットマンには知恵と科学力があり、なかなかの対決でした。

それにしても、スーパーマンの破壊力はすさまじく、それが多くの無関係な人々にも危害を与える結果となり、彼は公聴会にまで呼ばれてしまいます。この破壊力がありすぎるスーパーマンというのは、完全に「軍隊」「兵器」「核」などのメタファーになっています。メタファーというのは、既知のもので未知のものを理解しようとする方法です。

さらに、「バットマン vs スーパーマン　ジャスティスの誕生」を観て思ったことがあります。それは、スーパーマンは孟子的で、バットマンは荀子的であるということです。映画の中で両雄が議論をする場面があるのですが、それを観てそう思いました。

孟子によれば、かわいそうだと思う心、悪を恥じ憎む心、譲りあいの心、善悪を判断する心も、人間なら誰にも備わっているものです。それらの心は「仁」「義」「礼」「智」の芽生えであるといいます。人間は生まれながら手足を四本持っているように、この「仁」「義」「礼」「智」の四つの芽生えを備えているというのです。孟子は「人間の本性は善きものだ」という信念を持っていました。これが、スーパーマンの楽観性というか、人間を無邪気に信じる姿に重なります。

また、映画ではスーパーマンが正義の味方として活躍した結果、街などを破壊し、周囲の人間に迷惑をかけることが批判されています。自分の恋人を守るために、悪者を殺すというのもいかがなものか的な問題も取り上げられています。

この「万人を幸福にしなければならない」といった絵に描いた餅のような発想は、「兼愛説」を唱えた墨子の説そのものです。これに対して孟子は、自分の親しいものの幸福を願うことが何よりも大切であると説いたわけです。まさに、スーパーマンは孟子的であると言えるでしょう。

孟子の「性善説」に対して、荀子は「性悪説」を唱えました。荀子によれば、人間は放任しておくと、必ず悪に向かいます。この悪に向かう人間を善へと進路変更するには、「偽」というものが必要になります。「偽」とは字のごとく「人」と「為」のこと、すなわち人間の行為である「人為」を意味します。具体的には「礼」であり、学問による教化です。

両親を殺されたトラウマから、悪人の教化をめざすバットマンの姿は荀子に重なります。また映画の中でのバットマンの発言にもありますが、スーパーマンは両親から「この星に来たことには意味がある」と言われたのに対して、バットマンは親から「裏通りで理由もなく死ぬのが人間だ」ということを学びました。このあたりも、非常に孟子と荀子の香りがしてきます。

よく荀子の性悪説は誤解されます。悪を肯定する思想であるとか、人間を信頼していないニヒリズムのように理解されることが多いのですが、そんなことはまったくありません。人間は放任しておくと悪に向かうから、教化や教育によって善に向かわせようとする考え方なのです。

人間は善に向かうことができると言っているのですから、性悪説においても人間を信頼しているのです。ユダヤ教やフロイトが唱えた西洋型の性悪説とは、その本質が異なっています。孟子の性善説にしろ、荀子の性悪説にしろ、「人間への信頼」というものが儒教の基本底流なのです。

他に「人間」について考える恰好のSF映画といえば、宇宙人を描いた**「未知との遭遇」**(七七)、**「第9地区」**(〇九)、ロボットを描いた**「アイ・ロボット」**(〇四)、人造人間を描いた**「ブレードランナー」**(八二)、**「ターミネーター」**(八四)、そして**「猿の惑星」**(六八)などが思い浮かびます。日本では、**「美女と液体人間」**(五八)、**「電送人間」**(六〇)、**「ガス人間第一号」**(六〇)の東宝特撮・変身人間シリーズが「人間」について考えさせてくれます。

●SF映画で「時間」を考える

SF映画を観て、わたしが次に考えるのが「時間とは何か」です。

本書の「まえがき」にも書きましたが、写真は一般に「時間を殺す芸術」と呼ばれます。その瞬間を「封印」するという意味です。しかし映画は「時間を生け捕りにする芸術」です。かけがえのない時間をそのまま「保存」します。

「時間を保存する」ということは「時間を超越する」ことにつながり、さらには「死すべき運命から自由になる」ことに通じます。写真が「死」のメディアなら、映画は「不死」のメディアなのです。だからこそ、映画の誕生以来、無数のタイムトラベル映画が作られてきたのでしょう。

たとえば、**「タイムマシン　80万年後の世界へ」**(六〇)、**「バック・トゥ・ザ・フューチャー」**(八五)、**「バタフライ・エフェクト」**(〇四)、**「ミッドナイト・イン・パリ」**(一一)、**「アバウト・**

タイム〜愛おしい時間について〜」（一三）、**「オール・ユー・ニード・イズ・キル」**（一四）といったところが、タイムトラベルあるいはタイムループを描いた名作であると思います。日本では、**「時をかける少女」**（八三）を忘れることができません。

わたしは自分がタイムトラベラーになったときの心境を想像しました。日本が世界に誇るＳＦコミック『ドラえもん』（小学館）には、ドラえもんとのび太がタイムマシンに乗って時間の流れの中を行く場面がよく登場します。彼らはどこか特定の時点を目的地とし、その時代にタイムトラベルするわけですが、自分ならどの時間を目指すか？

例えば、わたしが車を運転していて人身事故を起こしたような場合は、確実に事故が起こる前の時点に帰りたいと思うでしょう。つまり、流れゆく時間の中でタイムトラベルの目的地とされるのは「事故」の直前といったケースが多いように思います。

「事故」というのは出来事です。それもマイナスの出来事です。そして、流ゆく時間の中には、プラスの出来事もあります。その最大のものが結婚式ではないでしょうか？

考えてみれば、多くの人が動画として残したいと願う人生の場面の最たるものは結婚式および結婚披露宴ではないかと思います。なぜなら、それが「人生最高の良き日」だからです。結婚式以外にも、初宮参り、七五三、成人式などは動画に残されます。それらの人生儀礼も、結婚式と同じくプラスの出来事だからです。わたしがタイムトラベラーだとしたら、プラスの出来事かマイナスの出来事か、どちらかを必ず目指すのではないかと思います。

わたしは、人生儀礼とは季節のようなものだと思っています。「ステーション」という英語の語源は「シーズン」から来ているそうです。人生とは一本の鉄道線路のようなもので、山あり谷あり、そしてその間にはいくつもの駅がある。季節というのは流れる時間に人間がピリオドを打ったものであり、鉄道の線路を時間に例えれば、駅はさまざまな季節ということになります。

そして、儀式を意味する「セレモニー」も「シーズン」に通じます。七五三や成人式、そして結婚式とは人生の季節、人生の駅なのです。タイムトラベラーという「旅人」なら、「駅」を目指すのは当然でしょう。ここで、忘れてはならないことがあります。最大の人生儀礼とは、葬儀であるということです。葬儀は、まさに故人の人生の総決算です。

リチャード・カーティス監督は、一連のラブコメ映画で幸福な結婚式の場面を描き続けてきました。しかし、彼は**「アバウト・タイム～愛おしい時間について～」**（一三）では主人公の父親の葬儀を描きました。主人公は愛する父の死をどうしても受け入れられず、何度かタイムトラベルして生前の父に会いに行きます。『唯葬論』を書いたわたしは、すべての人間の文化の根底には「死者との交流」という目的があると考えています。そして、この映画で何度も生前の父親に会いに行く主人公の姿を見ながら、映画そのものが「死者との再会」という人類普遍の願いを実現するメディアでもあることに気づくのでした。

映画というメディアは、時間は超越するタイムマシンです。拙著『遊びの神話』（東急エージェンシー、ＰＨＰ文庫）で紹介したエピソードですが、一九八〇年代の終わりに、わたしは映画の原点とされるD・W・グリフィス監督の**「イントレランス」**（一九一六）を日本武道館で観賞したことがあります。たしかフジテレビのイベントで、オーケストラ付きでした。

生まれて初めて観た「イントレランス」は衝撃的でした。徹底的にリアリズムを追求したセットと五〇〇〇人もの大エキストラによって、あたかもわたしは実際に古代バビロン時代に撮影されたフイルムを見ているかのような錯覚をおぼえました。

そして、わたしはこの錯覚こそが映画の本質ではないかと思ったのです。すぐれた映画において、観客はスクリーンの中の時代や国にワープし、映画のストーリーをシミュレーション体験します。これは過去でも未来でも関係ありません。「イントレランス」以後の作品では、**「風と共に去りぬ」**（三九）は南北戦争時代のアメリカに、**「ベン・ハー」**（五九）は古代ローマに、そして**「ブレードランナー」**（八二）では二〇一九年、**「ターミネーター」**（八四）では二〇二九年の近未来都市に、わたしたちはタイム・トリップできるのです。

わたしは子どもの頃、黒澤明監督の**「羅生門」**（五〇）は平安時代に、溝口健二監督の**「雨月物語」**（五三）は戦国時代に本当に撮影されたものだと思っていましたし、一九世紀初頭のウイーンを描いた**「会議は踊る」**（三一）など、もう完全に記録映画だと信じきっていました。

それらはわたしにとって、モノクロの太平洋戦争のドキュメンタリー・フィルムとまったく変わらなかったのです。実際、エイゼンシュタインの**「戦艦ポチョムキン」**（二五）はハーフ・ドキュメンタリーでしたし、リヒテンシュタールの**「民族の祭典」**（三八）は完全な記録映画でしたが、こうなるともう訳がわからなくなります。映像のトリックによって、わたしは本物とシミュレーションの区別がつかない映像の迷宮に入っていくのでした。まるで映画は魔術だと思えてきますが、かつて、本当に映画は魔術だったのです。

一九世紀のマジシャンたちはマジック専門の劇場で、人間の首をはねる「断頭術」や、その首がしゃべりだす「トーキング・ヘッド」などの芸で人気を集めていましたが、一八九六年には世界中のマジシャンたちが新たな演し物を舞台に乗せるようになりました。他のすべての驚異を色あせたものにし、世紀の大奇蹟、世界の大不思議と言われた「生きている絵」がそれであり、この「生きている絵」こそ、生まれたばかりの映画だったのです。

映画は、エジソンが覗き孔から動く写真を見る「キネトスコープ」を、リュミエール兄弟がスクリーンに映写して大勢で見る「シネマトグラフ」をそれぞれ考案し、この二つの偉大な発明によって生まれたとされています。そして、マジシャンたちがトリックに使ったのはシネマトグラフの方だったのです。

●SF映画で「宇宙」を考える

そして、哲学映画としてのSF映画で考えるテーマは「宇宙とは何か」です。

このテーマでは、なんといっても**「2001年宇宙の旅」**（六八）が最高傑作であると思います。その他、**「惑星ソラリス」**（七二）、**「コンタクト」**（九七）、**「ゼロ・グラビティ」**（一三）、**「インターステラー」**（一四）が強い印象とインスピレーションを与えてくれました。

宇宙は、わたしたち人類にとって大いなる謎の宝庫です。二〇〇三年二月、米国NASAの打ち上げた人工衛星WMAPは、生まれてまだ三八万年しか経っていない頃の宇宙の地図を描き出しました。人類がいま、描くことのできる最も昔の姿であり、それを解析することによって、宇宙論研究の究極の課題だった宇宙の年齢が一三八億年と求められました。

この一三八億年という時間の長さは、人間の脳にとってイメージしやすいものではありません。気の遠くなるような宇宙の時の流れを考えるとき、理解を容易にするため、わたしたちにとって馴染みの深い時間単位に置き換える工夫があります。たとえば、ビッグバンの起こったときを一月一日の午前0時であったとした場合、一月一六日の夜七時五〇分頃に地球が誕生します。そしてさらに一週間かかってようやく人類が登場するが、この時間の長さの中では、人類が文明を持ってから、まだ一秒とわずかしかたっていないことになります。

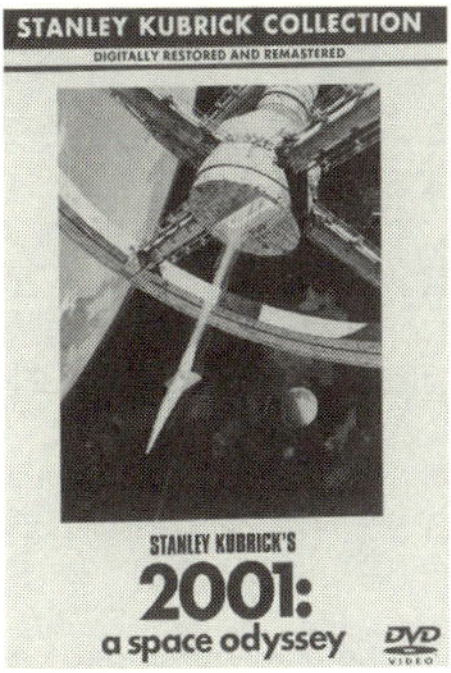

また、地球の年齢を一週間とする方法もあります。この縮尺度では、ビッグバンにはじまる宇宙の年齢は約二、三週間となります。肉眼で見える最古の化石は約六億年前のカンブリア紀

初期のものとされていますが、それがちょうど一日前に生きていたことになります。人間は一〇秒前に出現し、農業は一、二秒前にはじまったことになります。その他にも、直線の上に宇宙および地球のいろいろな出来事を印していくという方法もよく取られます。

わたしは、『ハートフル・ソサエティ』(三五館)において宇宙を一冊の古文書としてとらえました。古文書としての宇宙の解読作業は劇的に進行しています。それというのも、二〇世紀初頭に生まれた量子論と相対論という、現代物理学を支えている二本の柱が作られたからです。さらにこの二つの物理学の根幹をなす法則を駆使することによって、ビッグバンモデルと呼ばれる、宇宙のはじまりの瞬間から現在にいたる宇宙進化の物語が読み取られてきました。

宇宙はまず、量子論的に「有」と「無」の間をゆらいでいるような状態からポロッと生まれてきました。これは「無からの宇宙創生論」といわれているものです。そうして生まれた宇宙は、ただちにインフレーションを起こして急膨張し、インフレーションが終わると超高温、超高密度の火の玉宇宙になり、その後はゆるやかに膨張を続けます。その間に、インフレーション中に仕込まれた量子ゆらぎが成長して、星や銀河が生まれ、太陽系ができて、地球ができて、その上にわたしたち人類が生まれるという、非常にエレガントな一大叙事詩というか宇宙詩とでもいうべきシナリオができ上がってきたわけです。

キリがないので、宇宙について述べるのはこれくらいにしておきますが、最近の「ゼロ・グラビティ」や「インターステラー」といった宇宙SF大作を観て、つくづく感じるのは「宇宙は人間の世界を超越している」ということです。

「宇宙の果て」について説明できないことも、その理由の一つです。まさに宇宙とはサムシング・グレートそのもの、人間は「畏敬」の念を覚えずにはいられません。

じつは、「映画で死を乗り越える」という本書のテーマからすれば、わたしは宇宙を舞台にしたSF映画が最もふさわしいと思います。なぜなら、スクリーン上に宇宙空間という圧倒的な絶景が展開されるからです。「死の恐怖」を和らげるためには、「圧倒的な自然の絶景に触れる」という方法があります。どこまでも青い海、巨大な滝、深紅の夕日、月の砂漠、氷河、オーロラ、ダイヤモンドダスト……人間は大自然の絶景に触れると、視野が極大化し、自らの存在が小さく見えてきます。そして、「死とは自然に還ることにすぎない」と実感できるのです。さらには、大宇宙の摂理のようなものを悟り、死ぬことが怖くなくなるように思えます。

その際、視覚的に最も凄いシーンとは宇宙空間を置いて他にありません。はるか地球を離れた宇宙空間を再現したCGを眺めているうちに、死ぬことへの不安がどんどん小さくなっていくのではないでしょうか。なにしろ宇宙ほどスケールの大きなものはないのですから。

Movie Guide for
people wanting to overcome death

第4章

死を語る

「死」を迎える覚悟の映画

『エンディングノート』

2011年
日本

熱血営業マンとして働き続けて67歳で退職したサラリーマンが、第二の人生を歩み始めた矢先にガン宣告を受け、残された家族と自分の人生を総括するために終活していく姿を収めたドキュメンタリー。主人公の娘が監督。

一人のモーレッツ・ビジネスマンが六七歳で退職後、ガンの宣告を受けます。

毎年の健康診断は欠かさなかったのですが、がんはすでにステージ4でした。段取り人間として知られた主人公は、その集大成として、自身の葬儀までの段取りを記したエンディングノートを作成するという映画です。

砂田麻美監督は主人公の三女ですが、最後の最後までカメラを回し続けていることに、わたしは軽い衝撃を覚えました。また、砂田監督はこの映画のナレーションも担当していますが、淡々とした語り口で、とても良かったです。子どもたちが「死」を学ぶ教育映画として、遺族の悲しみを癒すグリーフケア映画として、また余命宣告を受けた人が心安らかに「死」を迎える覚悟の映画として……あらゆる日本人に観てほしい名作でした。

主人公は、東海地方の病院の跡取りとして生まれながら、医学部には進学せず経済学部に進み、東京の丸の内に本社のある化学メーカーに入社します。そこで役員にまで出世しますが、定年退職した直後に不治の病にかかったわけです。最後までユーモアを絶やさず、家族に見守られながら、旅立って行った主人公の姿は静かな感動を呼びます。ビジネスマン時代から段取り上手だった主人公は、最後まで段取りをきちんと考えながら、有終の美を飾ったのでした。

たった一つの心残りは、九〇歳を超えた実母を残して先に逝くことでしょうか。

都心のマンションに住み、かのリリー・フランキーのオカンと同じ東京タワーの見える名門病院の個室に入院し、アメリカから三人の孫たちが最後の面会に駆けつけてくれ、亡くなった後は訃報が新聞に掲載される。そんな主人公のエンディングは一般的に見ると非常に恵まれています。

しかし、主人公が裕福だから、素晴らしいエンディングが待っていたわけではありません。お金や生活レベルなどに関係なく、主人公が愛情あふれる家族に恵まれていたから、満足のゆくグランド・フィナーレを迎えることができたのだと思います。そして、それを可能にしたのはエンディングノートの存在でした。

主人公のエンディングノートには、11の「するべきこと」が記されていました。「長男に引継ぎをする」とか「(葬儀の)式場を決めておく」とか「気合を入れて孫と遊ぶ」とか「妻に(初めて)愛していると言う」といった内容です。

これは、明らかに**「死ぬまでにしたい10のこと」**の影響を感じました。

「死ぬまでにしたい10のこと」(My Life Without Me) は、二〇〇三年のカナダ・スペイン合作映画です。二ヵ月の余命宣告を受けた主婦が、生きているうちにやるべき10のことをこなしていくというストーリーで、いわば「終活」映画の決定版というべき作品です。

この映画のナレーション部分では、主人公を指す代名詞にyou(あなた)が使われていました。映画の観客が、あたかも「自分がこの映画の主人公であり、自分の余命が二ヵ月なのだ」と思えるようになっていたのがとても新鮮でした。

しかし、「死ぬまでにしたい10のこと」はフィクションであり、当然ながら俳優が演技をしています。一方、「エンディングノート」のほうはすべて実在の人物が登場するドキュメンタリーなわけですから、究極の「終活」映画と言えるでしょう。

映画「エンディングノート」では、主人公はパソコンを使って自分でエンディングノートを作っていましたが、市販もされています。高齢化社会を迎えて、エンディングノートはますますその必要性を増している観があります。

エンディングノートを遺言だと思っている方がいますが、まったく違います。遺言というのは、法的な拘束性がありますし、財産の分配などを記載します。自分がどのような最期を迎えたいか、どのような旅立ちをしたいか。そんな旅立つ当人の想いを綴るのが、エンディングノートです。

エンディングノートは自由なスタイルで書くことができますが、遺言書の場合は、ある程度、法的拘束性を求めると、それなりの書き方が必要です。

エンディングノートの目的の一つは、「残された人たちが迷わないため」というものです。どんな葬儀にしてほしいかということはもちろん、病気の告知や延命治療といった問題も書き込むことができます。

「お父さんはどうしてほしいのか」

「お母さんの希望は何？」

たとえ子どもであって、なかなか相手の意思というのはわかりません。本人も迷うでしょうが、そばにいる家族や知人はもっと迷い、悩んでいます。そんなときにエンディングノートに意志が書かれていれば、どれだけ救われるかわかりません。葬儀にしても「あの人らしい葬式をしてあげたい」と思う気持ちが、エンディングノートに希望を書いてもらえているだけで実現できます。

たしかに自分の死について書くことは勇気のいることです。でも、自分の希望を書いているのですが、じつは残された人のためだと思えば、勇気がわくのではないでしょうか。

またエンディングノートには、もう一つ大きな役割があります。

それは、自分が生きてきた道を振り返る作業でもあることです。いま、自分史を残すことが流行のようですが、エンディングノートはその機能も果たしてくれます。

気に入った写真を残す、楽しかった旅の思い出を書く、そんなことで十分です。そして最後に、愛する人へのメッセージを書き添える。残された人たちは、あなたのその言葉できっと救われ、あなたを失った悲しみにも耐えていけるのではないでしょうか。

エンディングノートにはとくにスタイルはありません。書店や文具店に行けば、エンディングノートと呼ばれるものも市販されています。

また遺言書は自筆ということが決められていますが、エンディングノートは別にパソコンで作成してかまいません。映画「エンディングノート」の主人公がとった方法です。

わたしは、現代人にとって最も使いやすく、死への恐怖さえ薄れてゆく究極のエンディングノートが作れないかと長年考えていましたが、ついに『思い出ノート』および『修活ノート』を完成させることができました。ぜひ一度、手に取って見られてください。アマゾンでも購入できます。

日本映画の王道をゆく冠婚葬祭映画

『オカンの嫁入り』

2010年
日本

長年、母一人子一人で仲良く暮らしてきた母娘が、母親の突然の再婚宣言によって揺れ動くさまを、ユーモラスに描く。戸惑いながら、ぶつかりあいながら、嫁ぐ母を大竹しのぶ、温かく見つめる娘を宮崎あおいが好演。

母一人子一人で仲良く暮らしてきた母娘が出てきます。母親の突然の再婚宣言によって、一人娘の心は揺れ動きます。そのさまを描いた人間ドラマですが、ほのぼのとした良い映画でした。母親には大竹しのぶ、娘には宮崎あおいという配役で、ニッポンの国民的女優が親子役で共演するというので、観るのが楽しみでした。二人とも演技派で有名ですが、特に宮崎あおいの演技力はすごい！　怒った顔、悲しい顔、驚いた顔……これほど表情ゆたかな女優が他にいるでしょうか。若手女優としては、松たか子と双璧をなす実力ではないかと思います。

でも、大竹しのぶも、ラスト近くの白無垢を着て、娘に感謝の言葉を述べる演技が絶品でした。わたしは何度も泣かされ、バーバリーのハンカチがグショグショになりました。

さて、「オカンの嫁入り」を観て、わたしは「縁」というものの不思議さを強く感じました。

まず母と娘という親子の縁があります。オカンの一方的な再婚宣言に激怒した娘は家出をするのですが、その際に仏壇にある亡父の位牌を持って行こうとします。

しかし、オカンは「これはダメ！　これは、あたしのもの」と言って取り返そうとします。残された妻と子が位牌を奪い合う場面を観て、なんだかシミジミとしました。

次に、結婚する男女の縁があります。オカンの結婚相手である金髪の青年・研二は桐谷健太が演じていましたが、身寄りがまったくなく、結婚しなければ将来は孤独死する可能性もあります。そんな天涯孤独の身でも、縁によって家族を持つことができるのです。

また、母娘には温かく見守ってくれる隣人との縁があります。

特に母娘が住む家の大家さん、母が勤める整形外科の医師などは、本当に理想的な隣人として描かれていました。この作品は角川映画ですが、まるで松竹映画の「男はつらいよ」に出てくるタコ社長みたいな愛すべき隣人でした。

松竹映画といえば、小津安二郎という最大の巨匠がいました。

小津の映画は、日本人の「こころ」が見事に描かれていることで有名です。小津の作品には、必ず結婚式か葬儀のシーンが出てきました。小津ほど「家族」のあるべき姿を描き続けた監督はいないと世界中から評価されていますが、彼はきっと、冠婚葬祭こそが「家族」の姿をくっきりと浮かび上がらせる最高の舞台であることを知っていたのでしょう。

この「オカンの嫁入り」も冠婚葬祭映画です。オカンが白無垢を着るという設定は、すごく良かったです。白無垢こそは、ニッポンの花嫁衣裳であります。なぜなら、『古事記』に見られる日本人の精神のシンボルだからです。結婚式ならびに葬儀にあらわれたわが国の儀式の源は、小笠原流礼法に代表される武家礼法に基づきますが、その武家礼法の源は『古事記』に表現されています。すなわち『古事記』に描かれたイザナギ、イザナミのめぐり会いに代表される陰・陽両儀式のパターンこそ、後醍醐天皇の室町期以降、今日のわが国の日本的儀式の基調となって継承されてきました。日本民族としての陰陽両儀式の踏襲が見事に表現されているのです。わたしは、白無垢こそは、日本人女性を最も美しく見せる衣裳だと思います。

日本の美に涙する一本

『縁《えにし》～The Bride of Izumo』

2015年
日本

日本の原風景が残る島根県出雲市を舞台に、時を超えて結びつく人間同士がたぐり寄せる不思議なつながりを映す。現代社会にとって家族とは何か？地方に生きることの難しさ、嫁ぐ意味など、美しい映像が心を清めてくれる。

「おカンの嫁入り」でも白無垢について書きましたが、いま日本で最も白無垢が似合う女優といえば、佐々木希ではないでしょうか。その彼女の花嫁姿が存分に拝める映画が「縁」です。「The Bride of Izumo」というサブタイトルからわかるように、まずは「夫婦の縁」が描かれています。興味深かったのは、主人公の真紀（佐々木希）が婚約者である和典（平岡祐太）と一度もケンカをしたことがないのを不安に思う場面です。イケメンの和典はいわゆる「草食系」で、真紀に対してとにかく優しいです。一度もケンカをしたことがないどころか、真紀の希望やわがままにも「ダメ」と言ったことがありません。

周囲からも「気配り王子」とか「優しさ王子」などと呼ばれている和典のことを、意外にも真紀は「結婚するにもふさわしい相手だろうか」と悩むのです。なぜなら、一度もケンカをしないということは本当の感情を見せないということであり、真紀の前で素になっていないということだからです。真紀もまた気を使って和典の前では素になれないのでした。

一方、真紀をトラックに乗せて出雲を回ってくれた男性がいます。しじみ漁師の充《みつる》（井坂俊哉）です。彼は粗野でケンカっ早いのですが、一本筋の通った優しさを持っています。充は東京から来た真紀のことを「おまえ」と呼び、説教もします。真紀も充に対して怒りの感情を見せ、時には充に平手打ちを喰らわせます。

婚約者でもなんでもない充と真紀はケンカのできる関係になるわけです。ということは、真紀と和典と充をめぐる三角関係の映画になるかと思ったのですが、そうはなりませんでした。「縁結びの地」に住む充は、けっして真紀と和典の間には入り込もうとしません。

わたしは、二人の娘の父親です。わたしは非常に気が短いのですが、その反動でしょうか、娘たちに理想の結婚相手を聞くと、二人とも「優しい人がいい」などと言います。世間一般でも「とにかく優しい人」とか「おだやかな人」というのが若い女性に人気が高いようです。しかし、いざ結婚してみると、優しさが優柔不断につながる男性、さらにはマザコンの男性が多いそうで、そういう夫は妻から「優しさしか取り柄のない、つまらない男」として離婚されるケースも多いと聞きます。この映画で真紀が考えたように、「一度もケンカしたことがないのに、結婚して大丈夫だろうか？」という疑問は正しいと思います。もちろん、すぐキレる男などは論外ですが、少しくらい気が短くても正直な男性が一番ではないでしょうか。

さて、「縁《えにし》」という映画のタイトルには「夫婦の縁」の他にも、さまざまな縁が込められています。たとえば「家族の縁」などがそうですが、中でも特に「親子の縁」がよく描かれていました。

この世にあるすべての物事や現象は、みなそれぞれ孤立したり、単独であるものは一つもありません。他と無関係では何も存在できないのです。すべてはバラバラであるのではなく、緻密な関わり合いをしています。この緻密な関わり合いを「縁」と呼びます。そして、縁ある者の集まりを「社会」と呼びます。ですから、「無縁社会」という言葉は本当はおかしいのであり、明らかな表現矛盾なのです。「社会」とは最初から「有縁社会」なのです。

そして、この世に張り巡らされている縁は目に見えませんが、それを可視化するものこそ冠婚葬祭ではないでしょうか。結婚式や葬儀には、その人と縁のある人々が集まって、目に見えるからです。ちなみに、この映画は結婚式がテーマですが、冒頭では映画「おくりびと」を彷彿とさせるような葬儀のシーンが流れました。

ラストシーンは、晴れて出雲大社で結婚式を挙げた真紀の白無垢姿でした。

それはあまりにも美しく、わたしは「日本人には和が似合う！」と心の底から思いました。

「無縁社会」を打ち破る「血縁」映画

『お盆の弟』

2015年
日本

40歳を前にいまだにさえない人生を送る主人公が、映画監督として巻き返しを図る姿をモノクロームの映像で描く。再生の物語が、観る者の心を動かす。兄弟の縁と絆を描いた名作。

「お盆の弟」というタイトルから、ずっと実家に帰ってこなかった弟が久々にお盆の時期に帰省して、兄と一緒にお墓参りをする……そんなストーリーを勝手に予想していたのですが、実際は違いました。「お盆」というテーマも最後に登場するだけで、お墓参りも弟が一人で行います。

では、兄はどうしたのでしょうか？　そこはネタバレになるので書きませんが、モノクロの映像が心地よい、古き良き日本映画を思い出させるハートフル・ムービーでした。

主人公のタカシははっきり言ってショボイ男なのですが、毎日、実家の近くにある神社へのお参りを欠かしません。そんな愚直なまでに信心深いところに好感が持てました。タカシは、兄がガンになったり、自分も妻から離婚を持ち出されるなどの災難に見舞われるのは、もう三年も両親のお墓参りをしていないからだと思います。彼にとって、お盆のお墓参りは運命を好転させる秘密兵器なのでした。しかし、お墓参りというのは故人を供養する場であって、願い事をする場ではありません。そのあたりも、この映画はコミカルに描きます。ちなみに彼は神社では神様へのメッセージを声に出して言いますし、お墓でも両親へ声を出して近況報告をしていました。

これは、まったくもって「正しい作法」と言えます。

お盆というのは、先祖を想う季節です。どんな人間にも必ず先祖はいます。しかも、その数は無数といってもよいでしょう。これら無数の先祖たちの血が、たとえそれがどんなに薄くなっていようとも、必ず子孫の一人である自分の血液の中に流れているのです。「おかげさま」という言葉で示される日本人の感謝の感情の中には、自分という人間を自分であらしめてくれた直接的かつ間接的な原因のすべてが含まれています。そして、その中でも特に強く意識しているのが、自分という人間がこの世に生まれる原因となった「ご先祖さま」なのです。

この映画には、葬儀や法事の場面は登場しません。その代りに、「婚姻届」や「離婚届」が重要なアイテムになっています。

タカシの親友である藤村は「彼女いない歴四〇年」で、結婚紹介業者に五〇万円以上も支払っています。タカシの兄のマサルも結婚紹介業者のお世話になっていました。みんな、結婚して家庭を持ちたいと願っていたのです。そのタカシも、なんとか離婚を避けて、妻や娘と一緒に暮らしたいと願っています。そう、この映画のメインテーマは「血縁」なのです。

結婚と墓参によって「血縁」の意味と価値が見事に浮かび上がっています。

大好きなウディ・アレンの佳作

『マジック・イン・ムーンライト』

2014年
米英合作

1920年代の南フランスを舞台に、不思議な能力を持つ女性占い師と、そのトリックを暴こうとするマジシャンの恋の駆け引きを描いたロマンティック・コメディー。名匠ウディ・アレンの軽妙な語り口でつづられる。

わたしはウディ・アレンの映画が大好きです。この映画、いきなりオープニングからマジック・ショーの場面がスクリーンいっぱいに展開されます。それも、生きたゾウを消失させるという大がかりなもので、マジック大好きなわたしを狂喜させました。

映画パンフレットの「Productin Note」によると、アレンは初めて手品をしたティーンエイジャーの頃から、マジックに大いなる魅力を感じてきたそうです。そのためか、彼の作品の中にはマジックやマジシャンがよく登場します。**「タロットカード殺人事件」**（〇六）では、アレン自身がマジシャンのスプレンディーニを好演しています。

アレンの映画には霊能者や占い師の類もよく登場します。

「ブロードウェイのダニー・ローズ」（八四）、**「スコルピオンの恋まじない」**（〇一）では催眠術師、**「アリス」**（九〇）では霊媒治療師、**「恋のロンドン狂騒曲」**（一〇）では占い師が重要な役割を果たしています。アレンの作品には不思議なムードの人々が欠かせないようです。

この映画の舞台に選んだ一九二〇年代には心霊術が大流行していました。映画パンフレットには、アレンがその時代背景について語った言葉が次のように紹介されています。

「当時はいろいろ言われていたんだ。アーサー・コナン・ドイル（シャーロック・ホームズの生みの親）のような著名人が、この問題をひどく真面目に取り扱った。心霊写真のようなあらゆる案件に人々は興味津々で、降霊術はとても一般的だったんだ」

実際、当時の有名なマジシャンであったハリー・フーディーニは多くの降霊会に参加し、霊能者たちのイカサマを片っ端から暴いていました。「サイキック・ハンター」の異名を欲しいままにしたフーディーニは明らかに「マジック・イン・ムーンライト」の主人公スタンリーのモデルです。フーディーニと女霊媒師の物語は二〇〇八年公開のイギリス・オーストラリア映画**「奇術師フーディーニ～妖しき幻想～」**（〇八）で描かれました。

わたしは、ウディ・アレンの映画は、ほとんど全部を観ていますが、これまで観た中で一番好きなのが「ミッドナイト・イン・パリ」でした。この映画も一九二〇年代の物語で、「ベル・エポック」と呼ぶにふさわしい新しい芸術が幕を開けた時代をファンティックに描いていました。スオーウェン・ウィルソン演じるハリウッドの脚本家がタイムトリップする幻想的な映画です。スコット&ゼルダ・フィッツジェラルド夫妻やコール・ポーター、ヘミングウェイといった〝パリのアメリカ人〟がアレンの理想だったのかもしれません。

さて、マジックに降霊術といった、わたし好みのシーンが満載のこの映画の中で最も好きな場面を挙げるならば、やはりスタンリーとソフィが月の魔力にかかってしまうシーンです。月が登場する前、二人は天文台の中で会話をしていました。その話題というのが「霊界」と「宇宙」についてなのです。人類の平和と幸福のためには、何よりも会話が必要です。そして会話には共通の話題が必要です。世界中の人々に共通する話題など存在するのでしょうか？

哲学者の梅原猛氏は、それは「あの世」だといいます。あの世に関心のない民族はなく、仏教でどうなっているか、キリスト教でどうなっているか、イスラム教やヒンドゥー教ではどうかというのは、まさに大問題です。神について議論していたら、いろいろ信仰が対立するかもしれませんが、あの世について共通なものと、その違いを探っていくということは、おそらくあらゆる宗教の人々が対立なしに解明できることかもしれないというのです。

理論物理学者の佐治晴夫氏は、人類共通の話題は「宇宙」であるといいます。佐治氏は「人はなぜ戦うのか」というテーマで、『利己的な遺伝子』（紀伊國屋書店）の著者として有名なイギリスの生物学者リチャード・ドーキンスと対話しました。そのとき、争う集団と集団がなくなれば、当然、戦争は起こらず、そのためには集団間で風通しよく話し合えるための共通の価値観が必要になることに気づいたといいます。そして、佐治氏はドーキンスに対して、「そうした共通の価値観といえば、それはやはり、宇宙に対する認識だと私は思います」と言ったのです。宇宙のカラクリがはっきりわかれば、宇宙の歴史の中で、人類がなぜ存在したのか、自分という人間がなぜ生まれてきたのかといったことに思い至ったりするわけです。そのような、いわば宇宙的な意識こそが共通認識、共通の価値観になる。単に宗教だけではだめだし、経済問題だけでもだめだし、もっと根本的なパラダイムに気づいていかなければならないと佐治氏は述べています。

その意味で、この映画で、スタンリーとソフィが天文台の中で「霊界」と「宇宙」について語り合ったことは、まさに最も平和なテーマだったことがわかります。ここから「結婚は最高の平和」であるというわたしの信条まではあと一歩です。これ以上はネタバレになる！（苦笑）

ところで、宇宙を最も具体的にイメージさせる対象といえば、何といっても地球から一番近い天体である月です。わたしは宇宙時代の葬送文化として「月面聖塔」や「月への送魂」などを提唱し続けています。これらは結局、月をあの世に見立てていることになります。あの世、そして宇宙が人類共通の話題になりうるなら、月をあの世に見立て、世界中の人々が月見をして会話すれば、それは世界平和を実現するための最良の方法の一つではないかと思います。

その意味で、この映画はこの上なく平和でロマンティックな映画でした。それにしても、こんなにわたし好みの映画は久しぶりです。素敵な夢を見せてくれたウディ・アレンに感謝！

「死」を覚悟して笑顔で旅立つ姿に感動

『マルタのことづけ』

2013年
メキシコ

人と人の出会いがもたらす小さな奇跡の物語に大きな感銘を受ける人生讃歌。余命わずかな４人の子持ちシングルマザーと孤独な主人公の出会いを通して、掛け替えのない人生のきらめきを鮮やかに描く。

二〇一六年に創業七七年を迎える名画座「小倉昭和館」で、生まれて初めてシネマトークというものを行いました。取り上げた映画は、イギリス・イタリア合作映画「おみおくりの作法」とメキシコ映画「マルタのことづけ」でした。

「マルタのことづけ」を観終わって、わたしは一本の映画を思い出しました。おそらく、映画好きの多くの人も同じ映画を思い出されたことでしょう。それは、二〇〇三年のカナダ・スペイン合作映画**「死ぬまでにしたい10のこと」**です。

「死ぬまでにしたい10のこと」は、スペイン出身のイザベル・コイシェが監督・脚本を担当した作品で、ナンシー・キンケイドの短編を原作とします。舞台はカナダのバンクーバーで、幼い二人の娘と失業中の夫と共に暮らすアンは、ある日腹痛のために病院に運ばれ、検査を受けます。

その結果、ガンであることが分かり、二三歳にして余命二カ月の宣告を受けるのでした。

その事実を誰にも告げないことを決めたアンは、「死ぬまでにしたい10のこと」をノートに書き出し、一つずつ実行してゆくというストーリーです。

わたしは、この映画を最初に観たとき、非常に衝撃を受けました。この映画の影響を「マルタのことづけ」も受けていることと思われますが、それよりも日本版スタッフが「死ぬまでにしたい10のこと」を強く意識しているのは明らかです。

しかし、二三歳という若さで、しかも幼い二人の娘を残して死んでゆく「死ぬまでにしたい10のこと」は「マルタのことづけ」よりも残酷な映画だったかもしれません。特に、病院でガンの宣告を受けたにもかかわらず、直後に幼稚園に娘を迎えに行かなければならない若い母親の孤独な姿には泣けました。一方、マルタの場合は、亡くなる本人がそれなりの年齢である（とはいえ、四七歳の若さですが）ということもあり、残酷とか悲惨というよりも、一種の「爽やかさ」を感じました。ラストシーンは明るくさえあります。

主人公が「死」を覚悟して笑顔で旅立つ「マルタのことづけ」は、いわゆる「終活」をテーマにした映画であると言えるでしょう。ちなみに、わたしは「終活」ではなく「修活」という言葉を使っています。人生を終わるのではなく、人生を修めるのです。

「マルタのことづけ」には、人生を修める知恵、そして人生をアートのように美しくする方法が描かれています。太陽の国メキシコの「修活」から日本人が学ぶことは多いはずと思います。

この上なく贅沢で完璧な日本映画

『海街diary』

2015年
日本

吉田秋生のコミックの映画化。鎌倉に暮らす3姉妹と父親がほかの女性ともうけた異母妹が共同生活を送る中、さまざまな出来事を経て家族の絆を深めていく姿を追う。実力派女優たち4人の競演が見どころ。

吉田秋生のベストセラー・コミックを実写化したドラマで、「家族愛」を描いています。

綾瀬はるか、長澤まさみ、夏帆、広瀬すずが鎌倉に住む四姉妹を演じています。

この映画のウリは、なんといっても四姉妹を演じた女優たちの魅力です。家族を支えるしっかり者の長女・幸を演じた綾瀬はるか。奔放に生きながらも優しい次女・佳乃を演じた長澤まさみ。父の顔を知らずに育った温厚な三女・千佳を演じた夏帆。そして、両親を亡くした腹違いの姉たちと暮らす四女・すずを演じた広瀬すず。それぞれの女優たちの魅力がスクリーンに咲き誇っていて、まるで花見でもしているような気分になってきます。

中でも、広瀬すずの魅力がまばゆいくらいです。整った顔立ちの中に凛とした「強さ」のようなものを感じさせ、四人の女優が並ぶと最年少の彼女が一番大人に見えました。中学の同級生である風太とすずが自転車に相乗りして桜が咲き乱れるトンネルの下を走ったり、鎌倉の海岸を歩いたりする場面はとても絵画的な情景で、広瀬すずは日本人ではなくフランス人女優のようでした。わたしは彼女が誰かに似ていると思って思い出してみたのですが、「あ、ソフィー・マルソーだ！」と気づきました。広瀬すずは、**「ラ・ブーム」**（八〇）でデビューしたときの可憐なソフィー・マルソーの雰囲気を感じさせます。

第六八回「カンヌ国際映画祭」では、コンペティション部門にエントリーした「海街ｄｉａｒｙ」の是枝裕和監督、綾瀬はるか、長澤まさみ、夏帆、広瀬すずがレッドカーペットを歩きました。そのときの女優たちの美しさは尋常でなく、「日本人女性の美」を世界にプレゼンテーションすることに成功したと思います。三女の千佳を演じた夏帆など、映画の役柄では地味なルックスでしたが、カンヌではドレスアップして見違えるように美しかったです。

この映画は究極の「血縁」映画と呼ぶべき作品で、法事や墓や仏壇のシーンがそれを象徴しています。是枝監督の映画は人間の「生」と「死」に対して真摯に向き合い続けていますが、いずれも生きづらさを乗り越えた先にある希望を描いた人間賛歌となっています。おそらく、是枝監督は「血縁」を含んだ人間そのものを信頼しているのでしょう。ちなみに**「そして父になる」**と「海街ｄｉａｒｙ」の二作の架け橋になっているのがリリー・フランキーです。**「凶悪」**（一三）で見せた極悪人の姿とは一変して、是枝作品ではこの上なくハートフルな中年男性を演じます。

そのリリー・フランキー扮する喫茶店のマスターが、風吹ジュン演じる食堂のおばちゃんの葬儀で故人を振り返る言葉が素敵でした。亡くなった女性は、死の直前に桜の花の美しさに気づき、「死が近くなっても、きれいなものをきれいだと思えるのが嬉しい」と語ったそうです。そして、父親を看取った四女すずは「お父さんも同じことを言ってた」とつぶやきます。このシーンを観て、わたしはこの映画が一種の終活映画であると思うとともに、人生の終わりには「美」を感じる心が何よりも必要であると思いました。

死とは、人生を卒業することであり、葬儀とは「人生の卒業式」に他なりません。人生を卒業するという運命を粛々と受け容れ、老い支度、死に支度をして自らの人生を修める。この覚悟が人生をアートのように美しくするのではないでしょうか。

ちなみにこの映画には、末期医療としての「ターミナルケア」の問題も登場します。また、この映画の前半に出てくる山形での葬儀のシーンには考えさせられました。夫を亡くして呆然自失する（三番目の）妻が、取り乱してしまって喪主としての挨拶ができないというのです。そこで亡夫の連れ子すずに挨拶をさせようとするのですが、それを知った綾瀬はるか演じる幸が「それはいけません。それは大人の仕事です。どうしても出来ないというのなら、わたしがやります！」と述べ、その言葉で我に返った未亡人は「やっぱり、わたし、挨拶します」と答えるのでした。

最後に究極の「血縁」映画であるこの映画の最大の見せ場は、個人的には法事における樹木希林と大竹しのぶのやりとりでした。法事の後で姉妹を捨てて家を出た母が「この家を処分したら」と不用意に発言し、それに激怒した長女との口論がはじまるのですが、「はい、もうこれで終わり。やめやめ！」と叫ぶ樹木希林演じる老婆が痛快でした。わたしは四姉妹の共演のみならず、樹木希林と大竹しのぶという日本映画界の宝のような二大女優の迫真の演技まで見られて大満足でした。そして、法事というのは血縁者を集結させる「力」を持っていることを再確認しました。それぞれどのような事情があろうとも、強引に集めてしまうパワーを持っています。逆に言えば、法事や葬儀がなければ親戚が一同に揃うことは少ないでしょう。

「血縁」というものを見直すことができ、四季折々の自然描写も美しく、そして女優たちもキラキラ輝いている「海街ｄｉａｒｙ」は、この上なく贅沢で完璧な日本映画でありました。

輪廻転生を壮大なスケールで描く

『クラウド　アトラス』

2012年
アメリカ

19世紀から24世紀へと世紀を超えて、6つの時代と場所を舞台に人間の神秘を描く壮大な歴史ドラマ。過去や未来を映す迫力ある映像や、深いストーリーなど、ロマンあふれる世界観に圧倒される。

この映画のキャッチコピーは、「それは偶然ではない――過去〜現在――未来―時代と場所を越え、すべての人生はつながっている――」というものですが、そのままこの巨大スケールの映画のメッセージとなっています。

主人公（ソンミ）は、六つの時代と場所で、六つの人生を生きる男です。その人生は悪人ではじまります。しかし、さまざまな数奇な経験を経て、ついには彼の魂は世界を救うまでに成長していくのでした。過去・現在・未来にまたがる五〇〇年の間の六つのエピソードは、一見アトランダムな流れに見えますが、じつはシーンからシーンへのつなぎの一つ一つが完璧に計算されており、圧倒的な映像で描かれていきます。

映画のタイトルは、劇中にも登場する「クラウドアトラス六重奏」から取られています。この曲名は、明らかに映画で描かれる六つの人生のシンボルになっています。

一八四九年の南太平洋諸島の航海記を、クラウドアトラス六重奏の作曲家（一九三六年のスコットランド）が愛読して、その恋人のシックススミスは転生（一九七三年のサンフランシスコ）して原発爆破の陰謀を阻止するよう命を捨てて行動する。そのときのジャーナリストの女性の深い記憶の底に残っているのはクラウドアトラス六重奏のメロディーで、その作曲に関わったお城は、後に老人ホームとなり、そこでは元編集者の老人が虐待される（二〇一二年のロンドン）。ただその虐待からの逃亡劇、後に映画化され、それを二〇四四年のネオ・ソウルでクローン人間となり転生したソンミ451は涙する。地球は崩壊して、地球人は再度原始的な生活に戻る。その二三二一年ハワイではソンミ451は預言者であり神として崇められている……。

この映画のベースにあるのは輪廻転生（reincarnation）」です。「輪廻転生」をメインテーマとしながら、同時に「学び」の意味、「ソウルメイト」の真実なども描いていると思いました。

わたしは、この映画の未来像のイメージが印象深かったです。

特に、二一四四年に「給仕クローン」という存在が飲食店でサービスを行っている姿がショックでした。映画では、まったく同じ顔をした給仕クローンの女の子たちが某ハンバーガーチェーンを彷彿とさせる店で働いているのです。生身の人間である男性客は彼女たちにセクハラのし放題なのですが、少しでも抵抗すると彼女たちは殺されてしまいます。

給仕クローンの代わりはいくらでも作れるので、言うことをきかない者は処分されるのです。

わたしは『決定版　おもてなし入門』（実業之日本社）という本を書きましたが、サービス業というものの意義を徹底的に否定したこの描写には強い不快感をおぼえました。

また、強い危機感もおぼえました。実際、現実のサービスの現場でクローンやロボットでもいいサービスが行われているからです。よく考えれば、「労働集約型」などという言葉そのものが「給仕クローン」につながる危険性を秘めています。生身の人間だけにしか出来ないサービスこそ「おもてなし」です。

反逆罪で逮捕されたクローン給仕のソンミは取り調べ官の尋問を受けます。彼女は多くの質問に答えますが、その言葉の一つ一つが重く、観る者の心に突き刺さります。

「魂は時空という玄海をはるかに超える」

「愛というものは死をも乗り越える」

「命は自分のものではない」

「子宮から墓場まで、人は他者とつながっている。過去も現在も……」

「すべての罪が、あらゆる善意が、未来を創る」

「それぞれの生き方が永遠の魂に影響を与えうる」

ソンミの発言を聴いた取り調べ官は、発言の内容の深さに動揺しつつも、「あなたは来世を信じるのですか？　天国が存在すると思うのですか？」と問います。

それに対して、ソンミは毅然として、次のように言うのでした。

「死はただの扉に過ぎません。閉じたとき、次の扉が開く。わたしにとって天国とは新しい扉が開くこと」

わたしの頭の中では、自分の口癖である「死は終わりではない」「死は不幸ではない」という言葉がいつまでもリフレインしていました。

まず感銘を受けたのは、主演のブルーノ・ガンツの存在感の大きさであり、堂々とした佇まいでした。彼の名前を一躍世界に知らしめた**『ベルリン・天使の詩』**（八七）からも、わたしは多大なインスピレーションを受けました。

あの映画で守護天使ダミエルを演じた彼は「愛」の意味を人間たちに伝えようとしましたが、「永遠の一日」で彼が演じた老詩人もまったく同じく「愛」の意味を伝えてくれたように思います。その意味で、老詩人アレクサンドレとは天使ダミエルの化身だったのかもしれません。

天使に時間はありません。天使は「永遠」を生きます。そして、人も「愛」の意味を知ることによって、「永遠」を生きることができるのです。アレクサンドレが亡き妻に「明日の時の長さは？」と問いかけると、妻は「永遠の一日」と答えます。この場面を観て、「愛」の存在があって、

名作は必ず「愛」と「死」の両方を描く

『永遠と一日』

1998年
伊仏
ギリシア合作

死を強く意識した老作家と難民の子供との１日間の交流を詩情豊かに描いた人間ドラマ。98年のカンヌ映画祭でパルム・ドールを受賞。彼は今日、すべてのものに別れを告げ、明日病院へ行こうと決意するが、思いもよらぬ出会いが……。

はじめて人間は自らの「死」を直視でき、それを乗り越えることができるということを改めて実感しました。そう、「死」があってこそ、「愛」が光るのです。

そこに感動が生まれるのです。逆に、「愛」の存在があって、はじめて人間は自らの「死」を直視できるとも言えます。「死」という直視できないものを見るためのサングラスこそ「愛」ではないでしょうか。誰だって死ぬのは怖いし、自分の死をストレートに考えることは困難です。

しかし、愛する恋人、愛する妻や夫、愛するわが子、愛するわが孫の存在があったとしたらどうでしょうか。

人は心から愛するものがあってはじめて、自らの死を乗り越え、永遠の時間の中で生きられるように思います。その愛は生きている人間に限られません。今は亡き愛する者の面影だって、死を乗り越えるサングラスになりうるのです。

実際、「永遠の一日」におけるアレクサンドレにとっての愛情の対象は、この世に残した実娘というよりも、あの世の母親や妻だったように思います。もうずいぶん前に亡くなったわたしの祖母は、「いつお迎えが来てもいい。あちらで、おじいさんが寂しがっているだろうから、早く行ってあげないとね」と言っていましたが、結局はそういうことではないでしょうか。

さて、「永遠の一日」はとても美しい映画です。

アンゲロプロス監督のイメージが飛翔するがまま、自由に描かれています。

まさにアンゲロプロス映画の美と詩情が頂点を極める傑作であると言えますが、中でもアレクサンドレが難民の子と一緒に乗り込んだ夜行バスのシーンが秀逸でした。そのバスには、赤旗を持った革命家、別れ話をする恋人たち、楽団、そしてバイロンとおぼしき過去の詩人など、さまざまな人々が乗り込んできます。でも、彼らにはリアリティがなく、幻想の世界の住人としか見えません。このあたりの描写は宮沢賢治の名作『銀河鉄道の夜』を連想させます。おそらく、アンゲロプロスは賢治の影響を受けているのではないでしょうか？

臨死体験することの意味

『天国は、ほんとうにある』

2014年
アメリカ

アメリカの田舎町に暮らす家族が経験した奇跡の実話。生死の境をさまよい奇跡的な回復を遂げた後、天国を見てきたと語る幼い男の子の臨死体験が周囲に巻き起こす波紋。彼が語る天国の話に人々が癒やされていくさまを描く。

「臨死体験」をめぐる実話だそうです。三歳十ヵ月のコルトン少年が手術中に生死をさまよい天国を体験したことを報告する書籍『Heaven is for Real』は大きな話題になりました。「ニューヨーク・タイムズ」紙ベストセラーリストに二〇〇週ランクインし、全世界で九〇〇〇万部以上が発行されています。少年の体験した天国には、キリスト教の世界観が色濃く反映されています。キリスト教でいう「天国」とは、「あの世」のこと。あの世を信じること、つまり「来世信仰」は、あらゆる時代や民族や文化を通じて、人類史上ずっと続いてきました。

紀元前三五〇〇年頃から伝えられてきた『エジプトの死者の書』は、人類最古の書物とされています。その中には、永遠の生命に至る霊魂の旅が、まるで観光ガイドブックのように克明に描かれています。同じことは『チベットの死者の書』にも言えますし、また、アメリカの先住民族のあいだでは、社会生活の規範として生者と死者の霊的な一体感が長く伝えられてきました。『聖書』や『コーラン』に代表される宗教書の多くは、死後の世界について述べていますし、世界各地の葬儀も基本的に来世の存在を前提として行われています。日本でも、月、山、海、それに仏教の極楽がミックスされて「あの世」のイメージとなっています。

人間は必ず死にます。では、人間は死ぬとどうなるのか。死後、どんな世界に行くのか。これは素朴にして、人間にとって根本的な問題です。人類の文明が誕生して以来、わたしたちの先祖はその叡知の多くを傾けて、このテーマに取り組んできました。哲学者たちも、死後について議論を闘わせてきました。古代ギリシャのソクラテスやプラトンは「霊魂不滅説」を説いています。

スピリチュアルの歴史において最大の巨人とされるのがエマニュエル・スウェデンボルグです。一八世紀のスウェーデンに生まれた霊能力者で、彼の著書『霊界著述』や、さまざまな霊界通信は、死後の世界をいくつかの界層に分けています。そのほとんどは、わたしたちの住む地上界を含めて七つの界層に分類しており、それぞれの界層についての描写もほぼ同じと言えます。この世に近い界層ほど、この世に似ているのです。地面があり、山があり、谷があり、小川が流れ、草木が茂り、花が咲き、動物が遊び、地上と変わらない人間の家々があるというのです。

世界中の宗教においても、最初はスピリチュアルな人々が説くのと同じ死後の世界観を持っていました。アフリカなどの原始宗教でも、この世とあの世はほとんど変わらない世界です。しかし、宗教が国家宗教、世界宗教へと成長していくにつれ、あの世の姿も変化していきます。おそらく哲学や他の宗教の影響を受けるのでしょう。ある意味では、宗教が成長するにつれて身近だった死後の世界が一般民衆のもとから遠ざけられていったと言えます。

その好例が、天国と地獄、あるいは地獄と極楽のような二元論的な死後の世界観です。多くの宗教、特に仏教、キリスト教などの世界宗教は地獄を説きます。しかし、臨死体験者や霊界通信者の報告によれば、地獄という死者の霊が生前の悪行の報いとして責め苦を受ける場所など存在しません。あの世に入った初期の段階で、生前の行為に苦しめられる霊魂もいますが、それは自分の良心の反映としての幻覚に自ら苦しむのであり、審判者のようなものは存在しないのです。

さて、一方の天国はどうでしょうか。多くの宗教では、天国は最も望ましい最終目標であり、霊的な旅の最終目的地とされています。しかし、ヒンドゥー教、ジャイナ教、中央アメリカの宗教などでは、単に死と再生を永遠に繰り返すサイクルの一時的な場所であるにすぎません。天国を最も望ましい場所とする考えの中には、楽園のイメージが読み取れるものが多いことに気づきます。たとえば、仏教の極楽浄土です。そこには、底に金沙が敷きつめられた池があり、池には大きな蓮華が咲いており、池の周囲には階道があって、その上に金銀や宝玉でできた宮殿楼閣があるそうです。イスラムの天国には、木蔭の多い園、サラサラと流れる泉や池があるとのこと。

以前、宗教家たちが、天国についての考え方がこれほど浸透しているのは天国が存在することの一種の証拠であると主張したことがあります。それによれば、人は誰でも願望や欲求を持っていますが、何かを強く欲するということは、その欲求の対象となっているものがどこかに必ず存在していることだと考えることができます。物質的な世界ではそれを実証することが可能なので、この仮説を証明する証拠はたくさんあります。たとえば、人間に食欲があるのは食物というものがあることを意味しています。渇きを感じるのは水があることを、性欲があるのはセックスがあることを意味する。同じように、わたしたちが精神的な欲求や畏敬の念を抱くのは、神や天国が実在するということを意味していると考えられるというのです。

この映画の最後にはコルトン君と同じく臨死体験によって天国を垣間見たアキアナ・カラマリックという少女が描いたイエス・キリストの絵が登場します。その絵を一目見たコルトン君は、「ボクが天国で会った人は、この人だ！」と言います。そのイエス・キリスト像は黒髪の凛々しい青年の姿ですが、翻訳本の中でも紹介されています。

わたしは、二〇〇一年にイギリスＢＢＣがドキュメンタリー番組で復元した「イエスの顔」を連想しました。「実際のイエスの顔は、もっと知性が浮き出ていたかもしれないし、意志の強さがあらわれた屈強な顔だったかもしれないし、逆に中性的な雰囲気をもっていたかもしれない。ローマ兵の落胤説だって、まったくありえないというわけでもない。そうだとすればイタリア人とアラブ人のハーフのような顔をしていたかもしれない」という専門家の言葉がありました。いずれにせよ、イエスは白人ではなかったことは明らかでしょう。浅黒い顔をしていたことだけは間違いないように思います。

コラム■ファンタジー映画について

●ハートフル・ファンタジー

わたしはファンタジーが大好きです。

小学生の頃の三大愛読書はキャロルの『不思議の国のアリス』（岩波少年文庫）、メーテルリンクの『青い鳥』（同）、ボウムの『オズの魔法使い』（同）でした。生まれて初めて観たファンタジー映画はテレビの洋画劇場で放映されたMGMの大作**「オズの魔法使い」**（三九）でした。

じつはこの作品への対抗策として、20世紀フォックスが大スターの子役シャーリー・テンプル主演で映画**「青い鳥」**（四〇）を製作しています。わたしはこの映画は観ていません。初のアメリカとソ連（当時）のスタッフによる合作映画**「青い鳥」**（七六）を劇場で鑑賞しました。**「マイ・フェア・レディ」**（六四）のジョージ・キューカー監督によるミュージカルファンタジーで、エリザベス・テーラー、ジェーン・フォンダ、エヴァ・ガードナーの共演で話題を集めた作品です。

残る『不思議の国のアリス』は、ディズニーアニメの**「ふし**

ぎの国のアリス」（五一）を何度も観ていましたが、本格的な実写映画である**「アリス・イン・ワンダーランド」**（一〇）が公開されたときは本当に嬉しかったです。

「オズの魔法使い」を観て、その魔法にかかったせいか、それ以来、ファンタジー映画といえば必ず観ていました。ドイツの童話作家ミヒャエル・エンデ原作の**「ネバーエンディング・ストーリー」**（八四）、**「モモ」**（八六）も何度も観返した作品です。もちろん、**「ハリー・ポッター」**、**「ロード・オブ・ザ・リング」**、**「ナルニア国ものがたり」**などのシリーズは全部観ました。

ところで、前作『死が怖くなくなる読書』では、アンデルセン、メーテルリンク、宮沢賢治、サン＝テグジュペリの四人の作品を紹介しました。彼らのファンタジーには、非常に普遍性の高いメッセージがあふれていると考えています。いわば、「人類の普遍思想」のようなものが彼らのファンタジー作品には流れているように思うのです。

明治時代から日本では、「四大聖人」という言葉が使われました。ブッダ、孔子、イエス、ソクラテスの四人の偉大な人類の教師たちのことです。彼らはいずれもみずから本を書き残してはいませんが、その弟子たちが人類全体に大きな影響を与えた本を生み出しました。つまり、仏典であり、『論語』であり、『新約聖書』であり、『ソクラテスの弁明』をはじめとする一連のプラトンの哲学書です。それらの書物を読んでみると、ブッダも孔子もイエスもソクラテスも、いずれもが「たとえ話」の天才であったことがよくわかります。

むずかしいテーマをそのまま語らず、一般の人々にもわかりやすく説く技術に長けていたのです。中でも、ブッダとイエスの二人にその才能を強く感じます。だからこそ、仏教もキリスト教も多くの人々の心をとらえ、世界宗教となることができたのでしょう。そして、さらにその「わかりやすく説く」という才能は後の世で宗教説話というかたちでとぎすまされていき、最終的には童話というスタイルで完成したように思います。

なにしろ、童話ほどわかりやすいものはありません。『聖書』も『論語』も読んだことのない人々など世界には無数にいるでしょうが、アンデルセン童話をまったく読んだことがない人というのは、ちょっと想像がつきません。これは、かなりすごいことではないでしょうか。童話作家とは、表現力のチャンピオンであり、人の心の奥底にメッセージを届かせ、その人生に影響を与えることにおいて無敵なのです。

戦争や環境破壊といった難問を解決するヒントさえ、彼らの作品には隠されています。特に、アンデルセンの『人魚姫』『マッチ売りの少女』、メーテルリンクの『青い鳥』、宮沢賢治の『銀河鉄道の夜』、サン＝テグジュペリの『星の王子さま』の五作品は、そのヒントをふんだんにもっており、さらには深い人生の真理さえ秘めています。

彼らの作品を映画化したものが、先に紹介した**「青い鳥」**（米ソ、七六）であり、サン＝テグジュペリの代表作を映画化した**「星の王子さま」**（七四）です。本書では**「リトル・プリンス 星の王子さまと私」**（一五）も紹介しました。

ディズニーやジブリが製作するアニメ映画のほとんどはファンタジー作品です。アニメでは、アンデルセンの『人魚姫』を原作とする**「リトル・マーメイド」**（八九）、同じく『人魚姫』をモチーフにした**「崖の上のポニョ」**（〇八）があります。宮沢賢治の原作を映像化したものでは、漫画家ますむらひろしの猫のキャラクターを使ったアニメ**「銀河鉄道の夜」**（八五）が好きです。

かつて、グリム童話などを中心として、童話のもつ残酷性を取り上げ、それを強調するような本がブームになったことがありました。たしかに、各民族が長年受け継いできた民話や伝説にもとづく「メルヘン」にはそのような側面があることは事実です。しかし、童話作家たちが心あるメッセージを込めようとして創作した「ハートフル・ファンタジー」は違います。

むしろ倫理的な意味が読み取れることが多いといえます。メルヘンというものが人々の心に与える影響に注目し、その真の意味を求めたのは、グリム兄弟と同じドイツが生んだ神秘哲学者であるルドルフ・シュタイナーでした。

●メルヘンは死のイメージの宝庫

シュタイナーは、著書『メルヘン論』（書肆風の薔薇）で次のように述べています。

「私たちの一生を通じて魂が体験する最奥の深みが、メルヘンの中に現れています。そのような体験とその体験の基礎をなすものを、自由に、往々にして軽やかに、イメージ豊かに表現しているのがメルヘンなのです」（高橋弘子訳）

シュタイナーによれば、メルヘンを読めば、大宇宙の霊からのメッセージが受け取れるといいます。子どもの読み物と思われていたメルヘンに、こんな深い意味があったとは驚きです。

メルヘンに先立つ物語のスタイルとして、人類は神話や伝説をもちました。神話、伝説、メルヘンは、古代の人々や、ネイティブ・アメリカン、ニュージーランドのマオリ、オーストラリアのアボリジニなど、現代においても古代人のように生きている人々の心を理解するための重要な資料となっています。わたしたちが今日身のまわりの出来事において科学的説明を求めるように、古代人や古代人のような現代人たちは具体的で感覚的な説明を必要としました。それは現在のわたしたちからすれば象徴的に見えますが、彼らにとってはもっと現実的だったのです。

彼らは、世界や人間について独自の解釈をもっており、その解釈では人間と同じ生活や感情をもつ神々や諸霊の行為が重要な働きをしていました。それが神話です。

神話は人間生活のあらゆる面に行きわたっていますから、死や死後の世界にも当然ふれていいます。死や死後の世界というのは世界中の神話におけるメインテーマの一つだといえるでしょう。

神話の他に伝説もあります。これは特定の種族なり、英雄なり、または町、河、山などにちなむ昔話であり、死についての理解に役立ちます。伝説は日本語でいう「昔話」や「おとぎ話」に通じるものです。日本人なら、ａｕのコマーシャルでもおなじみの「桃太郎」とか「金太郎」とか「浦島太郎」などが思い浮かびます。これらは、いずれも伝説にもとづいています。

さて、神話、伝説につづく物語のスタイルとしてのメルヘンは、一般に「童話」と訳されます。大正時代に日本に入ってきた「メルヘン」というドイツ語が「童話、またはおとぎ話」と訳されためです。しかし、いくら童話と訳されても、本来のメルヘンはけっして子どものための物語ではありませんでした。太古の時代にまでさかのぼる超感覚的なことがらを具体的に表現したものがメルヘンの奥底には潜んでいます。そこでは、象徴と現実、この世とあの世とが混ざり合っていて、不可能なことが可能になります。まさに、メルヘンとは死のイメージの宝庫なのです。

●「幸福」というものの正体

アンデルセン、メーテルリンク、宮沢賢治、サン＝テグジュペリのハートフル・ファンタジーは、ある意味で現代のメルヘンです。

これらの作品は、やさしく「死」や「死後」について語ってくれるばかりか、この地上で生きる道も親切に教えてくれます。さらには、「幸福」というものの正体さえ垣間見せてくれます。

ある意味で、メルヘンが子どもへのメッセージならば、ハートフル・ファンタジーとは老人へのメッセージかもしれません。天上界を忘れて地上で生きていくための物語がメルヘンならば、これからもう一度、天上界へと戻っていく人々のための物語がハートフル・ファンタジーではないでしょうか。「死」の本質を説き、本当の「幸福」について考えさせてくれるハートフル・ファンタジー。それは、読む者すべてに「老いる覚悟」と「死ぬ覚悟」を自然に与えてくれます。

わたしたちは、どこから来て、どこに行くのでしょうか。そして、この世で、わたしたちは何をなし、どう生きるべきなのでしょうか。そのようなもっとも大切なことを教えてくれる物語がハートフル・ファンタジーなのです。

これまで数え切れないほど多くの宗教家や哲学者が「死」について考え、芸術家たちは死後の世界を表現してきました。医学や生理学を中心とする科学者たちも「死」の正体をつきとめようとして努力してきました。それでも、今でも人間は死につづけています。死の正体もよくわかっていません。実際に死を体験することは一度しかできないわけですから、人間にとって死が永遠の謎であることは当然だといえるでしょう。

まさに死こそは、人類最大のミステリーであり、全人類にとって共通の大問題なのです。その謎を説明できるのはハートフル・ファンタジーしかないと思います。

少し前に、「私のお墓の前で泣かないでください」という歌詞ではじまる「千の風になって」が大ヒットしました。現実の葬儀の場面でも、この不思議な歌を流してほしいというリクエストが現在も絶えません。喪失の悲しみを癒す物語をこの歌が与えてくれることに多くの人々が気づき、求めたわけです。なぜ、自分の愛する者が突如としてこの世界から消えるのか、そしてこの自分さえ消えなければならないのか。これほど不条理で受け容れがたい話はありません。その不条理を受け容れて、心のバランスを保つためには、物語の力ほど効果があるものはないのです。

どんなに理路整然とした論理よりも、物語のほうが人の心に残るものです。そして、もっとも人の心の奥底にまで残る物語とはハートフル・ファンタジーに他なりません。それは、人類最大のミステリーである「死」や「死後」についての説明をし、さらには人間の心に深い癒しを与えてくれるのです。

●大作ファンタジー映画への違和感

『ハリー・ポッター』の大ヒットからはじまったファンタジー・ブームはトールキンの『指輪物語』やルイスの『ナルニア国ものがたり』、さらにはル＝グインの『ゲド戦記』などのファンタジーの歴史に燦然《さんぜん》と輝く超大作のリバイバルも呼び起こし、これらの作品の映画化も実現してきました。わたしも、映画化された作品をすべて観ましたが、どうにも気になったことがあります。

それは、どの作品もハイライトが戦争シーンであることです。たしかに『指輪物語』を忠実に映像化した**「ロード・オブ・ザ・リング」**三部作などはアカデミー賞を独占しただけあってすばらしいクオリティの作品でした。

しかし、延々とつづくスペクタクルな戦闘の場面にどうにも違和感を覚えてしまったのは、わたし一人だけでしょうか。わたしは、「なぜ、癒しと平和のイメージを与えてくれるのではなく、ファンタジー映画に戦争の場面ばかり出てくるのか？」と素朴に思ってしまうのです。

もちろん、「光」と「闇」の対立とか、「善」と「悪」の対決とか、いいたいことは何となくわかります。それでも、どうしようもなく湧いてくる違和感。それは「世界を正義の光で満たす」と言いながら、世界中の国々を侵略していったキリスト教の歴史に対する違和感に通じます。

ジェノサイド（民族皆殺し）の原点は、『旧約聖書』の「ヨシュア記」に見られます。

神はイスラエルの民にカナンの地を約束しました。ところが、イスラエルの民がしばらくエジプトにいるうちに、カナンの地は異民族に占領されていました。そこで、「主はせっかく地を用意してくださいましたけれども、そこには異民族がおります」と述べました。すると神は、なんと「異民族は皆殺しにせよ」と言ったのです。神の命令は絶対に正しい。となれば、異民族は皆殺しにしなければなりません。殺し残したら、それは神の命令に背いたことになります。

神に対して敬虔であればあるほど、異教徒は殺さなくてはならない。この意味において、キリスト教は殺人宗教です。かの十字軍の遠征にしても途方もない殺人遠征でした。一〇九六年からはじまる十字軍そのものは、教皇ウルバヌス二世の政治的意図から発しており、当初は聖地エルサレム奪回という意図は希薄でした。しかし、中世のキリスト教カルト集団たちの目には、十字軍は、サタンと反キリストに支配されているイスラム勢力を滅ぼし、セルジューク朝に支配されている聖地を奪回して千年王国を実現する「聖戦《ジハード》」ととらえられたのでした。

イスラム教徒がキリスト教の聖地巡礼を迫害しているという名目でスタートした十字軍遠征は、キリスト教側のデマゴーグであり、迫害などほとんどなかったことが世界中の歴史学者によって明らかにされています。キリスト教側が攻撃や略奪などを繰り返したので、イスラムはムハンマドの伝統にのっとって「聖戦《ジハード》」に乗り出したというのが歴史の実態なのです。そもそも『コーラン』には、防衛戦争以外の戦争をしてはならないとはっきり記されています。

ですから、いくら異教の香り漂うケルトの世界観が背景になっているとはいえ、『指輪物語』

『ナルニア国ものがたり』『ゲド戦記』などには、かつてのキリスト教的価値観が無反省に投影されているような気が、わたしにはするのです。

そもそも「光と闇」とか「善と悪」などという対立の構図そのものが「神と悪魔」と並んで、キリスト教におけるデマゴーグの定番でした。それは、現代における最大のキリスト教国家であるアメリカの戦争外交にまでつながります。原作のファンタジー作品よりも映画のほうに戦争の匂いを強く感じるのは、その製作がアメリカによって行われているせいかもしれません。

メルヘンの末裔として人間の魂に養分を与えるべきファンタジーの中に殺伐とした戦争シーンが出てくるのは、わたしにはどうしても奇異に思えます。

●ファンタジーは宗教を超える

真のファンタジー、つまりハートフル・ファンタジーとは、「死」の真実や「幸福」の秘密を語るものであると述べました。メルヘンが子どもたちへのメッセージなら、ハートフル・ファンタジーは老人たちへのメッセージであるとも述べました。

ハートフル・ファンタジーは、戦争の場面など必要としません。ひたすら読む者の心を癒し、平和のイメージを与え、幸福の意味について教えてくれます。そして、本書で紹介した四人の童話作家の作品こそはハートフル・ファンタジーであると確信しています。

アンデルセンは父親の影響で、『アラビアンナイト』を愛読していました。アンデルセン自身はキリスト教徒でしたが、『アラビアンナイト』は言わずとしれたイスラム教の物語です。このことは非常に重要です。

『アラビアンナイト』という幻想的な物語の大河が、アンデルセンというダムに流れ込み、そこから支流としてのメーテルリンク、サン=テグジュペリ、宮沢賢治らへと流れていく。ここには、イスラム教もキリスト教もユダヤ教も仏教も、スピリチュアリズムさえ関係ありません。もしかしたら、ファンタジーは宗教を超えることができるのでしょうか。

というより、ファンタジーには宗教同士の衝突という愚行を「物語」によって回避する秘力が備わっているのかもしれません。そして、その秘力とは「魂の錬金術」と同義語ではないでしょうか。ハートフル・ファンタジーを紡ぎ出す童話作家たちはすべて、「魂の錬金術師」なのです。

倫理学者の小原信氏は、『ファンタジーの発想』（新潮選書）において次のように述べています。

「ながい歴史のなかで、人類が直面した多くの危機はすべてファンタジーに起因するものである。神話も宗教も、戦争も友情もすべてそれぞれがお互いにいだくファンタジーによって起こり、またファンタジーによって収拾されてきた」

わたしは、「政治的決着」や「大人の解決」というような意味合いで、「ファンタジー的決着」とか「ファンタジー的解決」というようなものがありえるのではないかと真剣に思います。

Movie Guide for
people wanting to overcome death

第5章

生きる力を得る

トルコと日本の国境を越えた大いなる「礼」の実現

『海難1890』

2015年
日本トルコ合作

日本とトルコの長年にわたる友好関係をテーマにしたドラマ。海難事故に遭ったトルコ軍艦エルトゥールル号への日本人による救援と、トルコ人によるイラン・イラク戦争時の在イラン日本人救出という二つの出来事を見つめる。

もう腰が抜けるほど感動した映画です。

一八九〇年、のちのトルコであるオスマン帝国の親善使節団を乗せた軍艦エルトゥールル号が和歌山県串本町沖で座礁して大破しました。海に投げ出された乗組員五〇〇人以上が暴風雨で命を落とすという悲惨な海難事故でしたが、元紀州藩士の医師・田村元貞（内野聖陽）やその助手を務めるハル（忽那汐里）をはじめとした地元住民が懸命の救援活動に乗り出します。

それから九五年後の一九八五年、イラン・イラク戦争中のテヘランに多くの日本人が取り残されました。日本政府は危機的状況を理由に在イラン日本人の救出を断念します。そんな中、トルコ政府は日本人のために救援機を飛ばしてくれたのでした。彼らは九五年前に日本人から受けた恩を忘れていなかったのです。

一八九〇年の「エルトゥールル号海難事故」と九五年後の「テヘラン邦人救出劇」とが善意の鎖で繋がっていたことは知っていましたが、今こうやって二つの出来事の詳細を知り、湧き上がる感動を押さえることができません。

「海難１８９０」を観て、わたしは孟子を連想しました。孔子の思想を継承し、発展させた孟子は「性善説」で知られ、人間誰しも憐《あわ》れみの心を持っていると述べました。

孟子は言います。かわいそうだと思う心は、人間誰しも備えているものだ。さらに、悪を恥じ憎む心、譲り合いの心、善悪を判断する心も、人間なら誰にも備わっている。かわいそうだと思う心は「仁」の芽生えである。悪を恥じ憎む心は「義」の芽生えである。譲り合いの心は「礼」の芽生えである。善悪を判断する心は「智」の芽生えである。人間は生まれながら手足を四本持っているように、この四つの心を備えているのだ、と。見たこともない異国の兵士たちの命を救った樫野の村民たちの心には「仁」「義」「礼」「智」が備わっていたのです。

また、ちょうどクリスマス・シーズンにこの映画を観たのですが、です。この季節にふさわしい物語であるアンデルセンの『マッチ売りの少女』も連想しました。このあまりにも有名な短い童話には二つのメッセージが込められています。

一つは、「マッチはいかがですか？　マッチを買ってください！」と、幼い少女が必死で懇願していたとき、通りかかった大人はマッチを買ってあげなければならなかったということです。少女の「マッチを買ってください」とは「わたしの命を助けてください」という意味だったのです。これがアンデルセンの第一のメッセージでしょう。

そして、第二のメッセージは、少女の亡骸《なきがら》を弔ってあげなければならないということ。行き倒れの遺体を見て見ぬふりをして通りすぎることは人として許されません。死者を弔うことは人として当然です。このように、「生者の命を助けること」「死者を弔うこと」の二つこそ、国や民族や宗教を超えた人類普遍の「人の道」なのです。

「海難1890」には、その人類普遍の「人の道」が見事に描かれていました。内野聖陽が熱演した医師・田村の「どこのもんでも、かまん！　助けなあかんのや！」というセリフは「義を見てせざるは勇なきなり」ということであり、人間尊重精神としての「礼」そのものです。

この映画、貧しい住民たちが五〇〇体以上の遺体のすべてに棺桶を用意しようとしたり、自分たちの生活に必要な漁を休んででも遺体の回収に努めたりと、死者に対する「礼」の心に溢れていました。それに深く感謝したエルトゥールル号のムスタファ大尉は住民たちに対して深々と礼をします。それに対して、住民たちも姿勢を正して返礼をする。

この場面を観て、わたしは泣けて仕方がありませんでした。たとえ、言葉が通じなくとも、敬礼やお辞儀という「かたち」によって「こころ」は通じるのです。「海難1890」ほどに「礼」の素晴らしさを描いた映画をわたしは知りません。

暴力の時代が何度目かの幕を開けた現在、すべての日本人、いや全人類にこの映画を観てほしいと思います。人類は無慈悲に他国民や異教徒を殺す愚かな存在でもありますが、一方で、慈悲をもって他国民や異教徒を助ける存在でもあります。

さらに言えば、この映画には「完璧な礼」が描かれています。

というのも、礼は一方的に示されるだけでは不完全であり、返礼を受けて初めて完成するのです。ですから、日本人が示した「礼」を九五年後にトルコ人が返したことによって、国境を越えた大いなる「礼」が実現したのでした。

この映画を観終えたわたしは、感動の涙が止まりませんでした。

時間というのは現在のことだ

『6才のボクが、大人になるまで。』

2014年
アメリカ

6歳の少年とその家族の12年にわたる軌跡をつづった人間ドラマ。しかも主人公を演じた新星エラー・コルトレーンをはじめ、主要人物4人を同じ俳優が12年間演じている。父をイーサン・ホークが熱演。

原題は「Boyhood（少年時代）」です。一人の少年の六歳から一八歳までの成長と家族の軌跡を、一二年かけて撮影した映画として大きな話題を呼んでいます。主人公の少年メイソンを演じるエラー・コルトレーンを筆頭に、母親役のパトリシア・アークェット、父親役のイーサン・ホーク、姉役のローレライ・リンクレーターの四人の俳優が、一二年間同じ役を演じ続けて完成された作品です。それぞれの成長あるいは老化のリアルな姿が興味深かったです。

四人家族それぞれの人生が描き出されますが、わたしには母親の生き方に違和感を覚えました。六才のメイソンと姉は、キャリアアップのために大学に入学した母に伴われてヒューストンに転居し、その地で多感な思春期を過ごします。その後、母は大学教授と再婚しますが、その男はアルコールに依存し、家族に暴力を振るう最低の男でした。

母は覚悟がないまま妊娠し、そのまま結婚したことで、「自分の納得のゆく人生を送らなければ」と思ったのでしょうが、自身のエゴで子どもたちの心を傷つけ続けるところは不愉快でした。

この映画を観て痛感したことは、女性は結婚および妊娠には覚悟が必要だということです。もちろん男性にも覚悟は必要ですが、やはり女性の場合は出産や育児の問題もあり、人生における最大の重大事と言えるでしょう。メイソンは初恋などを経験し、高校を卒業して母親のもとを巣立ちますが、そのとき大学教員となった母親が泣きながら「わたしの人生は何なの？　あとは葬式だけなの？」と泣き崩れたのは本当に哀れでした。

この女性は、自分から不幸になる性向の持ち主のようです。徹底して自己中心の母親に比べて、イーサン・ホークが演じる父親と子どもたちとの交流には心温まるものがありました。

一方、母親が再婚した義父は大学教授という社会的地位の高い仕事でありながら、酒乱だし、家庭で荒れるし、とにかく最低でした。わたしは、この義父の姿を苦々しく観ながら、「家では泥酔しないようにしよう」とか「口うるさく言うのはやめよう」とか、いろいろと考えさせられました。「父親とはどうあるべきか」を自問せずにはおれない映画でした。

大人になっていくメイソンは、やがてアート写真家という将来の夢を見つけます。写真は一般に「時間を殺す芸術」と呼ばれます。その瞬間を封印するという意味でしょうが、この映画そのものは時間の流れをそのまま追っているのに、主人公は「時間を殺す芸術」としての写真家としての道を歩み出します。このあたり、「写真」と「映画」の本質について考えさせられました。

最後に大学に入学したメイソンは、同級生たちとハイキングに出かけ、一人の女の子と会話を交わします。そのとき、メイソンは「時間というのは、つまりは今のことだ」といった意味のことを語ります。時間とは、過去でも未来でもなく現在のこと。この一言には大きなインスピレーションを受けました。

アルツハイマー病の現実を描く
『アリスのままで』

2014年
アメリカ

ベストセラー小説『静かなアリス』を基に若年性アルツハイマー病と診断された50歳の言語学者の苦悩と葛藤、彼女を支える家族との絆を描く人間ドラマ。日に日に記憶を失っていくヒロインをジュリアン・ムーアが熱演。

ジュリアン・ムーアが演じる主人公アリスは、過酷な病と闘いながらも、「自分らしさ」を必死で守ろうとします。彼女がスピーチの場で「わたしは苦しんでいるのはありません。闘っているのです」と訴える場面は感動的でした。

これまで、わたしは「読書する習慣があれば、アルツハイマーにはなりにくい」と思っていました。しかし、アリスは現役の大学教授で、しかも言語学の専攻です。もちろん本を読みますし、それも膨大な文献を読み込むのが仕事です。そんな知的な人でも若年性アルツハイマー患者になるのだと知り、ショックを受けました。

一般に脳を鍛えるとされている読書やパズルも、遺伝性の病気の前では無力なのです。しかも、その病気は教育度の高い人ほど進行が速く、さらには子どもにも遺伝する家族性の病気であると知り、さらにショックを受けました。こんなに不条理で残酷な話はありません。

この映画は一見「病気」がテーマのようにも思えます。しかし、じつは「時間」こそが真のテーマではないでしょうか。もともと、過去も未来も自由自在に表現することができる映画というメディアそのものがきわめて「時間的メディア」と言えます。

「アリスのままで」では、自分の生きてきた歴史を少しずつ忘れていく様子とともに、それを防ぐためにスマホを活用したりする備忘術も紹介されています。

「アリスのままで」でも、アリスを支える家族が描かれました。特に、アレック・ボールドウィン演じる夫の姿が印象的でした。苦悩するアリスに対して「何があってもボクがついている。君の全てが好きだ」と語りかける彼の言葉には感動しました。まさに理想の夫を演じ切りました。

家族を支えることほど、人として当然の行為もありません。

子孫を残し、家族を支えることは、古今東西を通じての「人の道」です。しかし、なかなか思い通りに行かないことも多いのが現実です。

「アリスのままで」では、ずっとアリスと意見が衝突してケンカばかりしていた娘が最後は母を支える覚悟をします。そのラストシーンを観ながら、わたしはしみじみと感動しました。そして、「やはり最後に頼れるのは娘だなあ」と思ったのでした。

日本では『もう親を捨てるしかない』などという本が話題になっているそうですが、とんでもない話です。親を捨てようと思っている人は、ぜひこの映画を観ていただきたいです。

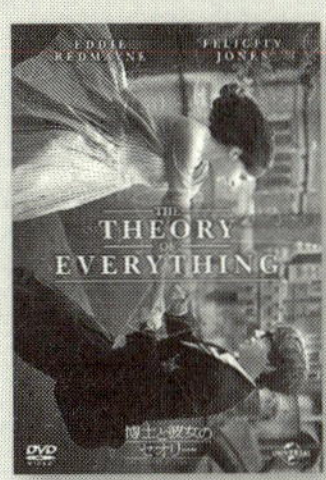

絶望を希望に変えてくれる名画

『博士と彼女のセオリー』

2014年
イギリス

車椅子の物理学者スティーヴン・ホーキング博士の半生を描いた人間ドラマ。彼が妻ジェーンの献身的な支えを得て、一緒に数々の困難に立ち向かっていくさまをつづる。ホーキング役をエディ・レッドメインが熱演。

〝車椅子の物理学者〟スティーヴン・ホーキング博士の半生を描いた作品です。

この映画では、病魔と闘い続けるホーキングの壮絶な姿がリアルに描かれています。病気（筋萎縮性側索硬化症：ＡＬＳ）が発症する以前の元気なホーキングの姿は新鮮でしたが、病気が判明した直後に絶望する彼の姿にも胸を打たれました。ＡＬＳが進行してどんどん身体が不自由になっていくホーキングになり切ったエディ・レッドメインの役者魂には感動しました。さすがは、アカデミー主演男優賞を受賞しただけのことはあります。

「家族」や「介護」の問題も考えさせられる映画でした。難病に苦しむホーキングは、人類普遍のテーマである「宇宙の始原」の謎に挑戦し、「時間」の本質を解き明かそうとします。

それにしても、人類史上、ホーキングほど過酷なハンディと重要なミッションを同時に与えられた者もいないでしょう。

映画にはアメリカでの講演のシーンが登場しますが、講演後に観客から発せられた「神を信じないそうですが、あなたの人生哲学は？」という質問に対して、ホーキングは「どんな不運に見舞われようとも、人間の可能性は無限です」と答えます。それを聴いたとき、わたしは隣の席に娘が座っているというのに、不覚にも落涙しました。

世の中には、さまざま病気に苦しんでいる人がいます。もしかすると、心の病に悩んでいる人もいるかもしれません。でも、決して絶望しないで生きていれば、必ず光明は見えてきます。

ホーキング自身、ＡＬＳを発症したときは「余命二年」と宣告されましたが、結果は何十年と生き続け、宇宙の謎を解明し続けてきました。彼は間違いなくニュートンやアインシュタインと並ぶ人類史上最高の科学者ですが、つねに「絶望」を拒絶し、「希望」を信じて生きてきたのです。

最後に、彼の代表作『ホーキング、宇宙を語る』（早川書房）は原題を〝A brief History of Time〟といいました。日本語にすれば『時間小史』となります。

そう、彼は「宇宙論」の前にまず「時間論」の研究者だったのです。

時間といえば、この映画の最後では、まるで時間が逆行していくように、ホーキングの半生が巻き戻されます。映画とは時間を超越するメディア、不死のメディアなのだなと改めて思いました。この映画の中でも、ホーキングの時間に関する発言が多々紹介され、その中には「永遠」についてのものもありました。

ホテル業ほど素敵な商売はない！

『マリーゴールド・ホテルで会いましょう』

2011年
英米
アラブ首長国
連邦合作

人生の終盤を迎え、それぞれに事情を抱える男女７人が、快適な老後を送るため移住したインドで織り成す人間模様を描く群像コメディー。豪華リゾートホテルのはずがぼろホテルだったなど、想定外の事態に戸惑う老人たち。

物語は、イギリスに暮らす男女七人の生活の描写からはじまります。

人生の終盤を迎えたシニア世代の彼らは、それぞれに事情も抱えています。彼らを待っていたのは倒壊寸前のオンボロ・ホテルでした。豪華ホテルでのセカンドライフを夢見た彼らは、粉飾されたホームページに騙されたのでした。それでも、異文化の世界に驚きながら寺院巡りをしたり、仕事を見つけたり……人生を楽しもうとする前向きな彼らの姿が涙と笑いを誘います。

この映画のイギリスの公開初日には、久しく映画館から足が遠のいていた熟年夫婦や独身高齢者の長蛇の列がチケット売場にできたそうです。日本でも、観客の多くは高齢者だと聞きました。実際、わたしが長女と鑑賞したときも、東京の日比谷という土地柄もあるのでしょうがシニア世代が多かったです。とはいえ、この名作を熟年ファンしか観ないのは惜しいと思います。

ホテルの支配人であるソニーは映画で重要な役割を果たしますが、彼はまだ二〇代の若者です。彼は、インドでは常識である親の指定する女性との婚約を拒否します。そして、自分の愛する女性と婚約を果たそうとするのです。つまり、この映画は老若男女に関わらず、「自らが運命を切り拓くこと」の大切さを訴えているのではないでしょうか。そう、この映画は安易に運命に流されずに積極的に挑戦する勇気を与えてくれるのです。

それから、ホームページを粉飾することは感心しませんが（というより犯罪）、どんな手段を使ってでもホテルを守ろうとする支配人ソニーの情熱には胸を打たれました。彼は、心の底からマリーゴールド・ホテルを愛しているのです。

経営難のホテルを必死で守る女主人が登場します。彼女は、どちらかというと悪役なのですが、それでもホテルへの深い愛情はソニーに通じます。時代背景も国も違う二つの映画に登場するホテルがともに倒産寸前であるというのは、ホテルという商売がもともと非常に経営の難しいビジネスであることを物語っています。

特に、日本においては大手も含めて、ほとんどが赤字に苦しんでいます。しかし、わたしはホテルの素晴らしさ、そしてオーナーのホテルへの愛情を学びました。たしかにホテル経営は難しいです。働く人たちも、苦労が多いと思います。

それでもホテル業ほど素晴らしい商売はありません！

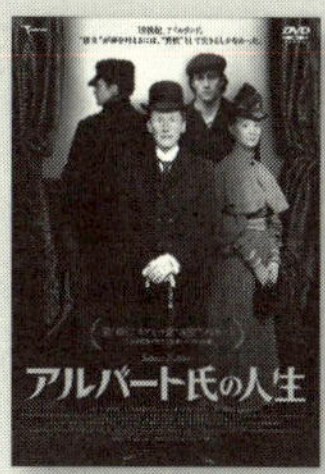

自分らしい生き方を模索する姿に共感
『アルバート氏の人生』

2011年
アイルランド

独身女性の自活の道が閉ざされていた19世紀のアイルランドを舞台に、性別を偽って生きる女性の苦難の道を描き出す。必死に自分らしい生き方を模索する主人公の姿が共感を呼ぶ。

監督はコロンビア出身のロドリゴ・ガルシアです。**「彼女を見ればわかること」**（〇一）**「彼女の恋からわかること」**（〇二）**「美しい人」**（〇五）**「愛する人」**（一〇）などの代表作からもわかるように、ガルシア監督は女性の人生を描くのが得意な人です。そして、この映画でも一人の女性の人生が描かれています。少々変わった人生ではありますが……。

主演は、演技派女優のグレン・クローズです。過去に五度もオスカー候補入りして「無冠の女王」と呼ばれた人です。彼女は、一九八二年に舞台「アルバート氏の人生」で絶賛を博しました。そのときにも演じたアルバート役を、今度は映画で演じたわけです。しかも、彼女はこの作品で主演、製作、共同脚本を兼任するという力の入れようでした。じつに構想三〇年で、彼女は「死ぬまでに、どうしても、この役を演じなければならなかった」と述べています。

各映画サイトなどにもストーリーが紹介されているので、ネタバレにはならないと思いますが、この映画は女性が男性になりきって生きる人生の物語です。

舞台は、一九世紀のアイルランド。飢饉と疫病に見舞われ、独身女性の自活の道は閉ざされていました。クローズ演じるアルバート・ノップスは、ダブリンのホテルでウエイターとして働いています。人付き合いが苦手で、もの静かな印象を持つアルバートですが、誰にも明かすことのできない大きな秘密を持っていました。ある日、ホテルの改装工事にやって来たハンサムな塗装業者ヒューバートに出会ってから、アルバートの人生は少しずつ変わりはじめるのでした。

女性であるという正体を隠すために人と関わることをさけて生きてきたアルバートの日課は、仕事でもらったチップをコツコツと貯金すること。いつかは、ホテルを辞めて自分の店を持つのがアルバートの夢なのでした。あまりにも悲しい人生と言えますが、どんな人にも夢はあります。

将来の夢を見ながらうっとりとするアルバートの表情が忘れられません。また、一度だけ女性の服を着て海辺を疾走するシーンがあるのですが、その喜びに満ちた表情も涙を誘いました。

非常に切ない映画ではあるのですが、運命に翻弄されながらも主人公は必死に自分らしい生き方を模索しています。その姿は、多くの人に勇気を与えてくれるのではないでしょうか。

わたしは、この映画を観ながら、夢に向かって一生懸命に生きている周囲の独身女性たちの顔を思い出していました。彼女たちに幸あれ!

生きる希望を与えてくれる傑作

『シュガーマン　奇跡に愛された男』

2012年
スウェーデン
英合作

1970年代にアメリカでデビューした後、アパルトヘイト下の南アフリカで支持された伝説的ミュージシャン、ロドリゲスの数奇な運命を追ったドキュメンタリー。音楽の持つ共鳴力に心打たれる奇跡の実話。

五〇回目の誕生日を迎える前日に、この映画を観ました。

第八五回アカデミー長編ドキュメンタリー賞を受賞しています。

二〇一二年のスウェーデン・イギリスのドキュメンタリー映画で、原題を〝Searching for Sugar Man〟といいます。一九六〇年代後期にアメリカでデビューした歌手ロドリゲスの奇跡的な人生を描いた作品です。もう本当に「驚愕の事実」が描かれているのですが、それを書いてしまうとネタバレになってしまいます。

この映画には、アカデミー賞だけでなく、世界から多くの絶賛の声が寄せられています。

主人公のロドリゲスはその曲の雰囲気から、同時代に活躍したボブ・ディランとよく比較されました。しかし、発表した二枚のアルバムは商業的に失敗し、彼はアメリカの音楽シーンから姿を消してしまいます。その数年後、なぜか彼の音楽は地球の反対側にある南アフリカで大ブームとなります。エルビス・プレスリーやローリング・ストーンズよりも有名なミュージシャンとしてアルバムは爆発的なセールスを記録しました。彼のデビュー・アルバム「Cold Fact」は、ビートルズの「アビイ・ロード」やサイモン&ガーファンクルの「明日に架ける橋」と並ぶゴールド・ディスクとなったのでした。しかし、彼は南アから忽然と姿を消します。

地元の新聞には、「スーパースター、自殺!」と大きく報じられました。ステージに火をつけて、銃を手に取って引き金を引いたというのです。あまりにもショッキングな死の報道でした。

九〇年代に入って、南アの熱狂的なロドリゲスのファン二人が、今は亡きスーパースターの足跡を辿るべく、調査を開始します。その情報収集のためのサイトを立ち上げたところ、彼らは驚くべき事実に直面するのでした。

この映画には、ロドリゲスの実際のナンバーがたくさん流れますが、わたしはそれらを聴いてシビれました。どれも、ものすごく名曲なのです。特にロドリゲスのニックネームにもなった「シュガーマン」という曲が最高に素晴らしい!

もう最初の歌い出しから、涙が出てきます。一度聴いたら、鼓膜にこびりついてしまって、耳から離れません。ちなみに、「シュガーマン」とは「麻薬売り」という意味のスラングです。その仇名のせいで、彼は拳銃自殺で死んだのではなく、本当は麻薬漬けになって精神病院で死んだという噂も広まったそうです。映画館では、レコードジャケットを模したプログラムと映画のサウンドトラックＣＤが販売されていたので、迷わず購入しました。

この作品には南アフリカ共和国の不気味さがよく描かれています。この国は、人種隔離政策の「アパルトヘイト」で世界中から批判を浴びていました。それゆえ、南アでは鎖国状態のような情報統制が行われていました。その度を越した異常さはこの映画からもよく伝わってきます。

異常といえば、映画の中のコンサート場面で出てくる南アの若者たちは男女を問わず、みんな超美形なので驚きました。まるでヒトラーが愛してやまなかったアーリア人の理想の姿を見るような不思議な気がしました。

それにしても、五〇歳になる直前にこの映画を観ることができて、本当に良かったと思います。正直に告白すると、「知命」とか何とか言いながらも、とうとう大台に突入するということで少しションボリしていました。

でも、この映画を観てから、気分が一変。冗談抜きで、生きる勇気のようなものが湧いてきました。そのメッセージを集約すれば、「人生、何が起こるかわからない」「人生、あきらめてはいけない」ということになるでしょうか。

大袈裟と思われるのを承知で言いますが、この映画を観てから、わたしにとっての人間とは二種類しかいなくなりました。すなわち、「シュガーマン」を観た人と、「シュガーマン」をまだ観ていない人です。悪いことは言いませんから、ぜひとも、この映画を観ていただきたいと思います。

わたしは、感動のあまり、泣けて泣けて仕方がありませんでした。

音楽と教育の力を実感する一本

『セッション』

2014年
アメリカ

サンダンス映画祭でのグランプリと観客賞を受賞した音楽ドラマ。ジャズドラムを学ぼうと名門音楽学校に入った青年と、スパルタ的指導を行う教師の姿を追い掛けていく。熱いドラマはもちろんパワフルなドラミングは圧巻。

この映画、とにかく観ていてストレスの溜まる内容でした。「自分には才能がある」と信じ込んでいる音楽学校の学生ニーマンと鬼教師フレッチャーの物語です。

ニーマンは「成功のためには、何でも犠牲にすべき」と考えており、数少ない友人や知人に「君たちは偉大な人物にはなれない」と言い放ったり、何の罪もない可愛い彼女にも「ドラムの練習の邪魔になるから」と一方的に別れを告げるとても嫌な奴です。何よりも、わたしがニーマンを腹立たしく思ったのは、彼が遅刻を繰り返すことです。この映画では大事な場面で二度も遅刻し、それが自分の首をしっかり絞めていました。

わたしは、時間を守らない人間が大嫌いです。というか、許せません。

「時間」の持つ価値を誰よりも理解していた人物に経営学者のピーター・ドラッカーがいます。

「汝の時間を知れ」という名言を残したドラッカーによれば、時間こそは最もユニークで、しかも最も乏しい資源です。これが有効に管理されなければ、他の何ものも管理されません。「マネジメント」の発明者でもあるドラッカーは、オーケストラを取り上げて自身の経営理論を展開しました。オーケストラとは知識を中心とする専門家（プロ）によって構成された組織であり、情報化組織の要素として「知識を前提にした力量」を重要視していたからです。ドラッカーによれば、「その専門家集団は、同僚や顧客との意識的な情報の交換を中心に、自分たちの仕事の方向づけと、位置づけを行うようになる。これが情報化組織である」

ところで、Ｊ・Ｋ・シモンズ演じるフレッチャーの顔立ちや雰囲気は、ドラッカーその人によく似ているように思いました。しかし、「人が主役」という人間尊重経営を唱えたドラッカーとは正反対で、フレッチャーは学生や楽団員を徹底的にいたぶるのですが……。

わたしは、この映画を観ながら「音楽とは何か」についても考えました。

人類がこの地球上に誕生してから現在に至るまで、人間が追い求めてきたものは、「わたしは、いったい何者か」という、自己の存在確認と意味の追求だったということもできます。そして、それは近代文明の発達とともに「わたしの幸福とはいったい何か」という自己の存在の目的を追求することに少しずつ変わっていったのです。

人類が最初に楽器をつくろうとした動機は、自然の音の模倣（コピー）だったのではないでしょうか。赤ん坊が言葉を覚えるためにまわりの音をすべて模倣しようとするのと同様に、古代人たちは、波の音を、風の音を、小鳥たちの声を、その意味を探るために、あらゆる道具を使ってそれらを模倣しようとしたはずです。彼らは、自然界に聞こえてくるさまざまな音の「複雑さ」に何らかの「意味」を見いだしていたのではないでしょうか。だからこそ、その「音」をつくり出そうと、楽器をつくりはじめたのだと思います。

楽器が自然界の音の模倣のためにつくられたとすれば、そうした楽器を使ってつくる音楽とは、まさしく、自然との同化、自然への畏敬、そして目に見えぬ神や霊への畏れだったに違いありません。そして、その楽器が現在のような西洋音楽のルールの中で高度に洗練された楽器へと変化しはじめたのは、まさしく人間が「文明」というものをつくり出した時期からなのです。

映画のラストに登場する驚くべき演奏を呆然と聴きながら、わたしはそんな人類最古の音楽のことを考えました。

青年を成長させてくれる漂流映画

『ライフ・オブ・パイ　トラと漂流した227日』

2012年
アメリカ

動物園を経営する家族と航行中に嵐に遭い、どう猛なトラと一緒に救命ボートで大海原を漂流することになった16歳の少年のサバイバルを描く。227日間という長い漂流の中で、主人公が危機的状況をどう克服するのか……。

原作は、世界的な文学賞として知られる「ブッカー賞」に輝いたヤン・マーテルの『パイの物語』（竹書房文庫）です。いわゆる、ラテンアメリカ文学の「魔術的リアリズム」作品です。物語は、インド系カナダ人のパイ・パテルがカナダ人ライターに語った自らの数奇な運命を描いています。一九七六年、インドで動物園を経営していたパイの一家は、カナダへ移住することになります。一家と動物たちを乗せた船は、太平洋上で嵐に襲われて難破してしまいます。家族の中で一人だけ生き残ったパイは、命からがら小さな救命ボートに乗り込みます。

ところが、そのボートには、シマウマ、ハイエナ、オランウータン、ベンガルトラも乗っていました。ほどなく動物たちは次々に死んでいき、ボートにはパイとベンガルトラだけが残ります。肉親を亡くして天涯孤独となった身の上に加え、残りわずかな非常食と、あろうことか空腹のトラが自身の命を狙っている……。

あどけなさの残る少年パイは、まさに絶体絶命です。そのような極限状況の中で、想像を絶する二二七日の漂流生活がはじまるのでした。

まず、テーマが非常に宗教的です。一言でいって、深い。

かの「ノアの方舟」をイメージさせる動物を満載した船のシーンなど、宗教的な寓意は各所に見られましたが、そんなことよりもパイ自身がヒンドゥー教、キリスト教、イスラム教の三つの宗教を同時に信仰しているという設定が非常に興味深かったです。

宗教学では、あらゆる宗教の存在意義を認める立場を「宗教多元主義」といいます。それでは、パイは宗教多元主義者なのでしょうか。わたしは、それよりも彼は宗教の本質を見抜いているといったほうが正しい気がします。宗教の本質とは何か。それは、ずばり「物語」ということです。

物語には人の心を癒す力があります。わたしたちは、毎日のように受け入れがたい現実と向き合います。そのとき、物語の力を借りて、自分の心のかたちに合わせて現実を転換しているのです。つまり、物語というものがあれば、人間の心はある程度は安定するものなのです。

逆に、どんな物語にも収まらないような不安を抱えていると、心はいつもぐらぐらと揺れ動いて、愛する人の死をいつまでも引きずっていかなければなりません。ヒンドゥー教、キリスト教、イスラム教といった宗教は、大きな物語だと言えるでしょう。

この映画を観て、わたしが考えたのは「礼」の問題でした。

二二七日もの漂流生活を共にしたパイとトラですが、最後にトラは何ごともなかったかのようにパイのもとを去っていきます。「さよなら」も言わずに、パイを一瞥もせずに漂着したメキシコのジャングルに消えていったトラの後ろ姿を見ながら、パイは号泣します。

パイは、苦楽を分かち合ったトラに「お別れの挨拶」をしてほしかったのです。もちろん、動物であるトラが挨拶などするはずもありませんが、この場面を観て、わたしは「礼」が「人間尊重」の別名であることの見事な証明になっていると思いました。

そういえば、映画の最初のほうに、トラと友達になろうとする幼いパイを父親が諌めるシーンが出てきます。父親は、息子に向かって「動物と人間は相容れない」と諭すのでした。そう、「礼」とはきわめて、そして、どこまでも人間的な問題なのです。

「礼」を追求した人物に、安岡正篤と松下幸之助がいます。

陽明学者の安岡正篤は、「人間はなぜ礼をするのか」について考え抜きました。

彼は「吾によって汝を礼す。汝によって吾を礼す」という言葉を引き合いに出して、「本当の人間尊重は礼をすることだ。お互いに礼をする、すべてはそこから始まるのでなければならない。お互いに狎れ、お互いに侮り、お互いに軽んじて、何が人間尊重であるか」と喝破しました。

また、「経営の神様」といわれた松下幸之助も、何より礼を重んじた人でした。彼は、世界中すべての国民民族が、言葉は違うがみな同じように礼を言い、挨拶をすることを不思議に思いながらも、それを人間としての自然の姿、人間的行為であるとしました。

すなわち礼とは「人の道」であるとしたのです。そもそも無限といってよいほどの生命の中から人間として誕生したこと、そして万物の存在のおかげで自分が生きていることを思うところから、おのずと感謝の気持ち、「礼」の身持ちを持たなければならないと人間は感じたのではないかと松下幸之助は推測しています。

礼は価値観がどんなに変わろうが、人の道、「人間の証明」です。それにもかかわらず、「お礼は言いたくない、挨拶はしたくない」という者がいるという事実に対して、彼は「礼とは、そのような好みの問題ではない。自分が人間であることを表明するか、猿であるかを表明する、きわめて重要な行為なのである」と述べています。わたしは、「礼」の問題から、さらに人間同士が挨拶をすることの意味を考えました。認知症の患者さんなどには挨拶ができない方もいるからです。「挨拶するのが人間」ならば、そのような方々は人間かという問題が立ち上がってきます。

もちろん、認知症の患者さんは立派な人間です。でも、介護ヘルパーさんたちにバーンアウト(燃え尽き)症候群が多いのは、患者さんたちの口から挨拶や感謝の言葉が発せられないことも大きな理由だそうです。

いくら大変な思いをして介護のお世話をしても、患者さんから「ありがとう」の一言があれば、人間は頑張れるものです。でも、その一言がなく、ただただ無言の相手にケアをしなければならない辛さは想像するに余りあります。挨拶の言葉を返してくれない相手に対する「礼」の問題は、とても重要だと思います。

また、現在の日本では病院にも介護施設にも入れない高齢者が増加する一方です。

この「ライフ・オブ・パイ」は漂流の物語ですが、パイとトラはメキシコの海岸に漂着しました。では、日本の漂流老人たちは、どこに漂着するのか。どうすれば「老人漂流社会」を「老人漂着社会」に変えることができるのか。この作品からは儒教的な「人間尊重」は感じられませんが、仏教的な「万物平等」のメッセージを強く感じました。

漂流するボートの上では、人間もトラも一個の生物として平等です。また、最新のCGを駆使して描いたクジラやイルカやトビウオが登場するシーン、夜の太平洋に浮かぶ星々とその彼方に広がる無限の宇宙……それらはあまりにも美しく、この世で目に見える世界はすべて幻影ではないかという心境になり、さらには仏教的な無常観さえ感じました。パイが信仰していたヒンドゥー教、キリスト教、イスラム教ではなく、仏教の香りをこの映画から嗅ぎ取ったのは、わたしだけではないはずです。

それにしても、この映画の映像美には感動をおぼえました。動物たちの動きや表情を見事に表現しきっています。特に、CGで描かれたトラは本物にしか見えませんでした。凄すぎる！

最後に、長い漂流の末に生き残ったパイが「トラがいたから、自分は生き残れた……」と、しみじみと語った言葉が心に残りました。トラに喰われまいという警戒心ゆえに、二二七日もの長い時間、緊張感を保ち続けることができたというのです。もしトラがいなくて、自分一人だけだったら、とうの昔に生き残ることを諦めていただろうというわけです。

最初はボートに同乗したトラをひたすら怖れ、逃げ回っていたパイですが、次第にトラと共生する道を選びます。映画評論家の清水節氏は、「絶体絶命の下、ただ生きながらえるのではなく、脅威を身近に感じることで緊張がみなぎり、自らの衰弱を防いで生命力を保つ。トラは捕食者ではなく、守護神だったのかもしれない」とネットで述べていましたが、わたしも同感です。日を追うごとに生きる知恵を身につけ、絶対に諦めない精神力を育んでいくパイの姿は、この作品がビルドゥングスロマン、つまり未熟だった少年が成熟した大人に成長していく物語であることを示しています。

そして、その場面を観ながら、わたしは自分自身の姿に重ね合わせていました。

二〇〇一年に社長に就任してから必死で頑張ってきたつもりですが、じつはわたしにはパイにとってのトラのような存在がいました。ある同業の経営者の方です。〝北九州市〟という名の、それほど広くないボートにトラが同乗してきたのです。（しかも、その後、狭いボートにはライオンまで乗り込んできました！）

そのトラは潤沢な資金を持っており、わが社に猛烈な設備投資攻勢をかけてきました。当時のわが社は苦境にありましたので、非常に戸惑いました。でも、今ではその人のおかげで、わが社は本当の意味で強くなったのだと感謝の念さえ抱いています。

冠婚葬祭業界の猛虎のおかげで、わが社は生き残り、わたし自身も少しは成長できたような気がしてなりません。現在の正直な心境です。

生きることの過酷さを実感する巨編

『レヴェナント　蘇りし者』

2015年
アメリカ

レオナルド・ディカプリオのアカデミー主演男優賞受賞作。狩猟中に瀕死の重傷を負ったハンターが、自分を荒野に置き去りにした仲間に復讐するさまを描く。自然光のみで撮り上げた臨場感あふれる映像にも注目。

第八八回アカデミー賞では作品賞、監督賞、主演男優賞など同年度最多の一二部門にノミネート、ディカプリオが主演男優賞を受賞して自身初のオスカー像を手にしました。イニャリトゥ監督も**「バードマン」**（一四）に続いて二年連続の監督賞を、撮影のルベツキも三年連続で撮影賞を受賞しました。わたしは、最前列で鑑賞したのですが、ずっとスクリーンを見上げっぱなしでした。そこで、次々にスクリーンに映し出される圧倒的な自然の映像を神のように崇める姿勢で二時間三七分を過ごしたのです。

率直な感想は面白かったです。異様にセリフが少ない映画なのですが、ディカプリオの鬼気迫る演技に魅了されました。ある意味で、究極の「死が怖くなくなる映画」であると思いました。なぜなら、一度死んだはずの者が蘇える話だからです。数少ないセリフの中に「死など怖れない」

というディカプリオのセリフが出てきますが、確かに死者にとって死は怖くないでしょうね。よく「死んだ気になって頑張る」などと言いますが、心の底から「自分は死者である」と思い込んでしまえば、死の恐怖など消えていくのです。

ところで、この映画の舞台となる自然はあまりにも過酷でした。よく、「自然を守ろう」とか「地球にやさしく」などと言います。しかし、それがいかに傲慢な発想であるかがわかります。やさしくするどころか、自然の気まぐれで人間は生きていられるのです。生殺与奪権は人間にではなく、自然の側にあるということです。そんな過酷な自然な中で人間が生きていくには動物を必要としました。そして、古代からずっと人間は馬を重宝してきました。馬に乗れば、人間だけでは行けない場所にも行けますし、遠くまで行くことができます。

この映画では人間のみならず、馬や熊などの動物も次々に死にます。優秀なハンターである主人公のグラスは人間も殺せば、動物も殺します。しかし、そこにはある種の美学や作法のようなものが存在していました。彼はけっして無駄な殺生はしません。彼が何らかの生命を奪う場合は、自らの身を守るためとか食糧にするためとか寒さを凌ぐためなどの明確な理由があったのです。

その彼にとって、唯一殺してもいい相手、殺す理由が一〇〇%存在する相手がいました。ネタバレになるのを避けるために詳しくは言えませんが、その「憎んでも憎みきれない」宿敵に復讐する場面では、おそらくすべての観客が溜飲を下げたのではないでしょうか。正直、このわたしも大きなカタルシスを得ました。つまり、そこにいた全員が映画を観ながら「この殺人は正しい」

と心を一つにしているわけです。よく考えると、このへんがいかにもアメリカ的でした。というのは、この映画を作ったアメリカという国が「この殺人は正しい」と大衆に思わせることに長けた国家だからです。七一年前、真珠湾攻撃の復讐として広島と長崎に原爆が落とされました。あのとき、多くのアメリカ人は「この殺人は正しい」と思ったはずです。

二〇一六年五月二七日、アメリカのオバマ大統領は世界最初の被爆地である広島を訪問しました。その意義は非常に大きいものでしたが、本当は広島だけでなく長崎にも来てほしかったです。アメリカ大統領にはその責任があると思います。

建国二〇〇年あまりで巨大化した神話なき国・アメリカは、さまざまな人種からなる他民族国家であり、統一国家としてのアイデンティー獲得のためにも、どうしても神話の代用品が必要でした。それが、映画です。映画はもともと一九世紀末にフランスのリュミエール兄弟が発明しましたが、他のどこよりもアメリカにおいて映画はメディアとして、また産業として飛躍的に発展しました。映画とは、神話なき国の神話の代用品だったのです。

それは、グリフィスの**「國民の創生」**（一九一五）や**「イントレランス」**（一九一六）といった映画創生期の大作に露骨に現れていますが、その後、続々と製作された西部劇こそはアメリカの神話であったと思います。巨匠ジョン・フォードは最大の神話作家であり、彼の代表作である**「駅馬車」**（三九）こそは最も有名なアメリカ神話の一つと言えるでしょう。

「駅馬車」をはじめとした一連の西部劇映画には、北米大陸の先住民、いわゆる「ネイティブ・

アメリカン」の人々が登場します。かつては、「インディアン」と呼ばれました。西部劇のインディアンは開拓者である白人を襲う悪者でした。このあたりにアメリカ神話の本質が露骨に現れているわけですが、ケビン・コスナーが主演した**「ダンス・ウィズ・ウルブス」**（九〇）などには等身大のネイティブ・アメリカンの姿が描かれていました。

この映画のラストシーン近くで、ネイティブ・アメリカンの一行がグラスの傍らを通りかかり、かつてグラスが助けた女性が彼に憐れみのような視線を投げかけます。それは「殺し合いを続けるあなた方が気の毒でならない」と言っているようで、強く心に残りました。

この映画では「野蛮人」とか「猿ども」といったネイティブ・アメリカンを蔑む言葉がたくさん出てきます。わたしは『儀式論』という著書を執筆するために、文化人類学関係の文献を固め読みしたのですが、それらの本には「未開人」とか「野蛮人」といった単語が頻出します。しかし、一方的に侵略してきて略奪や殺戮を繰り返す白人たちのほうが野蛮人であることは明白です。この映画の核心となるメッセージはそのあたりにあるように思いました。

最後に、この映画では「埋葬」が重要なキーワードであると思いました。グラスの死期が近いことを悟った隊長は、「彼の死を看取って、必ず埋葬するように」と部下に言い渡しました。その約束が守られずにドラマは展開していくのですが、「埋葬する」というのは人間同士が交わす約束の中でも最も重要なものなのです。家族の存在意義というものは「埋葬する者」であることに尽きると、孟子もヘーゲルも述べています。「自分が死んだら、自分を弔ってくれ」という約束を交わせる者ほど信頼できる相手はおらず、それは普通では家族であるわけです。

しかし、現代日本では血縁のない独居老人が激増しています。この方々の弔いは誰がするのか。わたしは、血縁のないときは地縁の、家族がないときは隣人の出番であると考えています。

しかしながら、現実はなかなか厳しいものがあります。そこで冠婚葬祭互助会に入会しておけば、自分の死後も必ず葬儀が行われることになります。死後を託すという意味で、互助会というのは非常に信用が求められる業種であることを改めて痛感しました。

そんなわけで、さまざまなことを考えさせられた映画でした。

全篇を通じて流れていた坂本龍一の音楽が心地よかったです。

死者に支えられて生きていることを実感できる

『ゼロ・グラビティ』

2013年
アメリカ

ジョージ・クルーニーとサンドラ・ブロックが共演。事故によって宇宙空間に放り出され、スペースシャトルも大破してしまった宇宙飛行士と科学者が決死のサバイバルを繰り広げる。リアルな宇宙空間を創造したVFXも必見。

この映画の舞台は、地表から六〇〇キロメートルも離れた宇宙空間です。

女性メディカルエンジニアのライアン・ストーン博士（サンドラ・ブロック）とベテラン宇宙飛行士マット・コワルスキー（ジョージ・クルーニー）の二人は、ミッションを遂行していました。するとミサイルで爆破されたロシアの人工衛星の破片が飛来するという想定外の事態が起こります。その結果、ライアンやマットの搭乗していたスペースシャトルが大破し、他の乗組員は全員死亡。二人は一本のロープでつながれたまま漆黒の無重力空間へと放り出されてしまいます。

地球に戻る交通手段であったスペースシャトルを失ったばかりか、ヒューストンとの交信も断たれ、さらには残された酸素も二時間分しかありません。このような絶望的な状況で、二人は懸命に生還する方法を探っていくのでした。

これ以上書くと「ネタバレ」になってしまいますので控えますが、ここからさらに想定外の出来事が次々と起こり、絶え間なく危機が襲いかかってきます。果たして、彼らは無事に地球に帰還することができるのでしょうか。

それにしても、宇宙空間のリアルさには深い感銘を受けました。映画を観て、これほど宇宙を体感した経験は初めてだと言っていいでしょう。北九州市にあるテーマパーク「スペースワールド」の宇宙遊泳アトラクションを彷彿とさせました。この映画の試写会をスペースワールドでやれば話題になったかもしれません。

ハリウッドは、これまで多くの宇宙を描き続けてきました。しかし、この映画は間違いなく最高傑作であると確信します。宇宙空間ほど孤独な場所はありません。主人公のライアンは以前、四歳になる娘を怪我で亡くしていました。ちなみにライアンを演じたサンドラには三歳の息子がおり、今は「自分の命より大事」だそうです。そんな最愛の我が子を亡くす哀しみを素晴らしい演技で表現していました。

映画では、「地球には誰か大事な人はいるのかい？」というマットの問いに、ライアンは今は亡き愛娘の面影を想います。それが、彼女をさらに孤独にするのですが、そのうち思わぬ展開というか、彼女の孤独を癒すある奇跡が起こります。

それは、つまるところ「生者は死者に支えられて生きている」ということです。この事実が感動的に観客に突きつけられます。そして、光も音も空気もない宇宙空間が「死の世界」だという事実も突きつけられます。

この映画を観て、つくづく感じたのは「宇宙は人間の世界を超越している」ということ。「宇宙の果て」について説明できないことも、その理由の一つです。

「この映画のテーマは何だと思いますか?」というインタビュアーの質問に対して、サンドラは「わたしがこの作品から得たのは、畏敬の念ね。大きな宇宙の中で、わたしたちがいかに小さな存在か、そしていかに人生を無駄使いしているかを強く感じたわ。人生は驚嘆すべきもので、そこにはパワーやマジックがある。この作品のどこが美しいかというと、人生において、どこから助けがやってくるか決してわからないということを描いていることだと思うわ」と答えています。

まさに宇宙とはサムシング・グレートそのものであり、人間は「畏敬」の念を覚えずにはいられません。畏敬すべき宇宙を体感する映画としては、SF映画の最高峰とされるスタンリー・キューブリック監督の**「2001年宇宙の旅」**を思い出してしまいます。

名曲「美しき青きドナウ」が流れる中、人類文明の粋を凝らした宇宙ステーションが全貌を現した感動的な冒頭シーンを忘れることができません。今は亡きキューブリックがこの映画を観たら、何とコメントしたでしょうか?

最後に、この映画の原題は「GRAVITY」です。つまり「重力」という意味です。

しかし、邦題では「ゼロ」をつけて「無重力」としました。この「ゼロ」に、日本映画「永遠の0《ゼロ》」を連想しました。けっしてこじつけではありません。狭い宇宙船の中で漆黒の闇を漂うライアンの孤独は、ゼロ戦に搭乗した特攻隊員の孤独に通じていると思います。ライアンは「もう、ここまで」と諦めた絶望的な状況の中で、地球上の見知らぬ他人と偶然つながった無線に向って、「わたし、これから死ぬのよ。人間いつかは死ぬものだけど、わたしは今日死ぬの。不思議ね、死を悟るって気分……」と言います。

死を覚悟するという点においても、ライアンは特攻隊員と同じ心境でした。しかしながら、あくまでも「生きて地球に帰還する」という目的のあるライアンに対して、「死んで日本を守る」と決意した特攻隊員の心中を想像するとやりきれません。

親は、子どもの未来を見守る幽霊

『インターステラー』

2014年
アメリカ

食糧不足や環境の変化によって人類滅亡が迫る中、それを回避するミッションに挑む男の姿を見つめていく。主演はマシュー・マコノヒーにアン・ハサウェイ、最先端VFXで壮大かつリアルに創造された宇宙空間の描写は圧巻。

途方もなく面白い映画でした。わたしはＳＦ映画が大好きで、ハリウッドのＳＦ超大作といえば必ず観ることにしています。この映画は「宇宙」がテーマですが、過去の宇宙物の中でも、そのクオリティの高さで宇宙空間を表現したばかりか、内容的にはさらに深く、哲学的次元にまで踏み込んでいました。わたしにとってのＳＦ映画の最高傑作であるスタンリー・キューブリック監督の「２００１年宇宙の旅」を連想したぐらいです。

主人公クーパーを演じたマシュー・マコノヒーは渋く、彼とともに宇宙へ旅立つヒロインのアメリア・ブランドを演じたアン・ハサウェイは美しかったです。クーパーはアメリカ中部の田舎町で暮らす農夫でしたが、人類史上もっとも重大な使命をまっとうするために、前人未到の宇宙へ旅に出ます。最愛の娘マーフに「必ず、帰ってくる」と言い残して……。

映画タイトルである「インターステラー」とは「惑星間移動」という意味です。一種のSF用語とも言えますが、この他にも、この映画には「ワームホール（時の道穴）」とかタイム・ダイレーション（ある星での一年は地球の二三年に相当する）といった専門用語がガンガン出てきます。

愛しい娘に会いたいという「切なる想い」は、この映画にも登場します。いや、登場するどころかメインテーマの一つです。地球での別れの際に心を通わせることができなかった娘に会いたいという想いは、孤独な宇宙空間でのクーパーの心を支えます。

最後には感動の展開が待っていて、わたしはハンカチを濡らしましたが、それもネタバレになるので書くことはできません。ただ言えることは、本当に心の底から憎み合っている父親と娘など存在しないということです。死者は必ず、自分の伝えたいことを生者に伝えようとします。そんなシーンがありました。この映画の冒頭には「幽霊」が登場し、クーパー家の人々の間で議論が交わされますが、その「幽霊」の正体が終盤で明かされます。この場面を観たとき、「幽霊をこのように解釈するとは！」とショックを受けつつも、わたしは感動しました。

映画の中では、クーパーがマーフに「親というのは、子どもの未来を見守る幽霊なんだよ」というセリフを吐きますが、この言葉はわたしの心に突き刺さりました。

クーパーがマーフを残して宇宙に旅立ったとき、ちょうど彼女はわたしの次女ぐらいの年齢でした。というわけで、急に次女のことが愛しくなったわたしは、彼女が好きなキャラメル・ポップコーンをお土産に買って帰宅しました。

あとがきにかえて　最後にもう一本

『裸の島』『葬式は、要らない』に対する答え

DVDで新藤兼人監督の代表作である「裸の島」を観直しました。

ずいぶん久しぶりの鑑賞でしたが、非常に驚きました。新しい発見があったからです。

この映画は全篇セリフなし、映像と音楽のみでストーリーを進めていくという画期的な実験作品です。資金はすべて新藤監督の手出し、スタッフは一〇名あまり、そして瀬戸内海の宿弥島でのオールロケという試みでした。日本の配給会社からは完全に無視され、全国の貸ホールや公民館、名画座などで細々と公開されました。しかし、その後、思わぬ展開を迎えます。

なんと、公開の翌年にモスクワ国際映画祭でグランプリを受賞するのです。それ以来、各国の業者が殺到し、結局は六四カ国に配給されたのでした。

なんだか、アカデミー外国語映画賞を受賞した「おくりびと」を連想させます。ところが、「裸の島」と「おくりびと」の共通点は国際的な評価を受けたことだけではありませんでした。

わたしは、もっともっと大事な共通点に気づいたのです。

「裸の島」の舞台は瀬戸内海の小さな島です。そこに一組の夫婦と二人の息子が暮らしています。島のてっぺんまで耕した段々畑の耕作が夫婦の仕事です。しかし、この島には井戸がありません。

井戸どころか川さえないのです。

そのために、近くの大きな島へ小舟を漕いで渡り、そこで水を汲まなければなりません。汲んだ水はまた舟を漕いで自分たちの島へ持ち帰り、その水を山頂まで担ぎ上げなければなりません。

そうして、ようやく畑に水が撒けるのです。でも、乾ききって痩せた土地は、苦労して得た水を一瞬にして呑み込んでしまいます。それでも、夫婦は一年中、夜明けから日没まで、ひたすら舟を漕いで畑に水を撒き続けるのでした。ここには生活するための人間の極限の姿があります。

現在の日本では、「格差と貧困」がより一層深刻化しています。まじめに働いて年収が二〇〇万円に満たない「ワーキングプア」、住む場所のない「ネットカフェ難民」、五件以上の債務に苦しむ「多重債務者」、さらには「生活保護受給者」、「ホームレス」の数も増加する一方です。

生きることに疲れた方々も多いのではないでしょうか。でも、そういう人にこそ、ぜひ「裸の島」を観ていただきたい。きっと、「生きる」という営みについて感じるところがあるはずです。

さて、「裸の島」の物語は、ある夏の日に急転回します。小学生の長男が高熱を出して倒れ、夫が医者を求めて舟を漕ぎ出すものの間に合わず、帰らぬ人となってしまうのです。そして、長男の葬式の日、お坊さん、担任の先生、同級生たちが舟に乗って島にやって来ました。迎える夫婦は喪服も着ていません。そんな贅沢品を持っていなかったのです。兄の葬式だというのにランニング姿の幼い弟を見ると、泣けてきます。

出棺のとき、息子の遺体が入った棺の前を母が持ち、父が後ろを持ちました。そして、両親は我が子の棺を担いだまま段々畑を登っていきます。唯一の兄弟である兄を失った弟が母の傍らに寄り添い、その後をお坊さん、同級生、先生が続きます。山頂に掘られた穴に棺を納め、お坊さんはお経をあげます。同級生たちは持ってきた小さな花束を穴の中に放り込み、手を合わせます。それを見ていた母は突如として駆け出し、家に戻ります。そして、亡き子が愛用していたオモチャの刀を手に取ると、また駆け戻ってきて、刀を棺の上に置くのでした。

わたしは、こんなに粗末な葬式を知りません。こんなに悲しい葬式を知りません。そして、こんなに豊かな葬式を知りません。貧しい島の貧しい夫婦の間に生まれた少年は、両親、弟、先生、同級生という、彼が愛した、また愛された、多くの〝おくりびと〟を得て、あの世に旅立って行ったのです。これほど豊かな旅立ちがあるでしょうか。

そう、一九六〇年に製作された「裸の島」は「おくりびと」に先立つこと四八年前ですが、両作品はともに、人間にとって葬式が必要であることを粛然と示す映画だったのです。思えば、夫婦が一緒に運んだものは水と息子の亡骸の入った棺でした。二人は、ともに水桶と棺桶を運んだのです。そして、その二つの桶こそ、人間にとって最も必要なものを容れる器だったのです！

人類にとって何よりも大切なものは水です。水がなければ、人は生きることができません。ブッダの「慈悲」も老子の「慈」も、もともとは水に由来する思想であり、孔子の説いた「仁」もそうです。「仁」「慈」「慈悲」にはいずれも、水が与えられて植物が育つという意味があります。

さらに孔子は儒教を開きました。儒教の「儒」という字は「濡」に似ていますが、これも語源は同じです。ともに乾いたものに潤いを与えるという意味があるのです。すなわち、「濡」とは乾いた土地に水を与えること、「儒」とは乾いた人心に思いやりを与えることなのです。

孔子の母親は雨乞いと葬儀を司るシャーマンだったとされています。雨を降らすことも、葬式をあげることも、その本質は同じことだったのです。

雨乞いとは天の雲を地に下ろすこと、葬式とは地の霊を天に上げること、その上下のベクトルが違うだけで、天と地に路をつくる点では同じです。その母を深く愛した孔子は、葬礼というものに最大の価値を置き、自ら儒教を開いて、「人の道」を追求したのです。

水がなければ、人は生きられません。そして、葬式がなければ、人は死ねないのです。

「裸の島」は、いわば極限までに無駄なものを削った生活だからこそ、人間にとって本当に必要不可欠なものを知ることができるのです。そして、その必要不可欠なものこそ、水と葬式でした。悲嘆にくれる母は、息子を失った後、大切な水をぶちまけながら号泣します。もし、葬式をあげなかったら、この母親の精神は非常に危険な状態になったはずです。

映画では、葬式の後、お坊さんから息子の戒名を授かり、山頂の墓に立てられた卒塔婆に戒名が記されます。傷心の夫婦は、きっと亡き息子はお経と戒名のおかげで成仏でき、あの世で幸せに暮らせると思ったことでしょう。田舎の小さな寺の僧侶が授けた戒名が、愛する人を息子を亡くした夫婦に「癒し」の物語を与えたのです。

よく、「葬式仏教」という言い方がされます。たしかに、日本仏教の現状を見ると、葬式仏教であり、先祖供養仏教と言えるかもしれません。しかし、日本の仏教が葬式と先祖供養によって社会的機能を果たし、また一般庶民の宗教的欲求を満たしてきた事実を認めなければなりません。

人は一人では生きていけません。

一人では水桶も棺桶も担げません。でも、二人なら担げます。二人なら生きていけます。

「裸の島」に暮らす人々には、親戚も隣人もいません。

でも一人ではありません。家族がいるからです。

なんと家族とは「有難い」ものか、つまり有ることが難しい奇跡的なものか。

そして、家族の最小単位とは夫婦であり、親子であり、兄弟です。

人は家族を失ったら、平然としていられません。

家族を失うことは世界の一部が欠けることです。時間と空間がグニャリと歪んだ異次元の世界の中で、平然とこれまでの生活を続けることはできません。葬式によって、歪んだ時間と空間をいったん断ち切り、元の世界を回復しなければなりません。

愛する人を亡くしたとき、人は葬式を必要とするのです。

なんということでしょうか。「鬼婆」「藪の中の黒猫」に続き、単純に新藤映画を楽しむ目的で鑑賞した「裸の島」が、『葬式は、要らない』に対する答えを教えてくれました。

こんなことがあるのでしょうか。

わたしは、いま、呆然としています。

[著者プロフィール]

一条真也　いちじょう・しんや

1963年北九州市生まれ。早稲田大学政治経済学部卒。大手冠婚葬祭会社の経営者として、新時代の冠婚葬祭サービスの提供はもちろん、グリーフケア・サポートなどに精力的に取り組んでいる。2008年、北陸大学客員教授に就任、8年間にわたって「孔子研究」「ドラッカー研究」を教える。12年、第2回「孔子文化賞」を稲盛和夫氏らと同時受賞。14年、全国冠婚葬祭互助会連盟の会長に就任、九州国際大学客員教授に就任。また作家としても精力的に執筆を重ね、著書はすでに80冊を超える。無類の読書家としても有名だが、年間100本以上を映画館で鑑賞する希代の映画通としても知られる。本書は『死が怖くなくなる読書』(小社刊)の続編である。

一条真也公式サイト
http://www.ichijyo-shinya.com
一条真也公式ブログ
http://d.hatena.ne.jp/shins2m+new/

死《し》を乗《の》り越《こ》える映画《えいが》ガイド　あなたの死生観が変わる究極の50本

2016年9月29日　初版第1刷

著　者 ―――― 一条真也《いちじょうしんや》
発行者 ―――― 坂本桂一
発行所 ―――― 現代書林
〒162-0053 東京都新宿区原町3-61 桂ビル
TEL/代表 03(3205)8384
振替 00140-7-42905
http://www.gendaishorin.co.jp/
ブックデザイン ―――― 吉崎広明(ベルソグラフィック)
写真提供 ―――― カバー:amanaimages　本文:shutterstock

印刷・製本　広研印刷㈱
乱丁・落丁本はお取り替えいたします。
定価はカバーに表示してあります。

ISBN978-4-7745-1593-9 C1095

一条真也の本

死生観は究極の教養である！

死が怖くなくなる読書
「おそれ」も「かなしみ」も消えていくブックガイド

アンデルセンから村上春樹まで、古今東西の名著50冊を取り上げた究極のブックガイド。「死」があるから「生」がある――その真理に気づかせてくれる一冊。

1400円

永遠葬
――想いは続く

1200円

愛する人を亡くした人へ
悲しみを癒す15通の手紙

1100円

思い出ノート
エンディングノートの決定版

1000円

※価格はすべて税抜き